书山有路勤为径，优质资源伴你行
注册世纪波学院会员，享精品图书增值服务

典藏版

彻底思考企业信息化的真正意义

仍然不足够

Necessary
But Not Sufficient

[以] **艾利·高德拉特**（Eliyahu M. Goldratt）
艾利·斯拉根海默（Eli Schragenheim） 著
[美] 嘉露·柏德克（Carol Ptak）

罗嘉颖 译 罗镇坤 审校

电子工业出版社·
Publishing House of Electronics Industry
北京·BEIJING

Eliyahu M. Goldratt, Eli Schragenheim, and Carol Ptak: Necessary But Not Sufficient

Copyright © 2000 Eliyahu M. Goldratt

© 2013 Goldratt 1 Ltd.

In memory of the author, the late Eliyahu M. Goldratt. Words cannot describe our esteem and respect for his lifeworks.

怀念已逝去的作者艾利·高德拉特，我们对他毕生著作及贡献的崇敬，非笔墨所能形容

ISBN: 0-88427-170-6

Simplified Chinese edition published by Publishing House of Electronics Industry by arrangement with Uniteam Hong Kong Limited, Hong Kong, China. Reviewed by William C. K. Law. All rights reserved.

Printed in the People's Republic of China.

全球中文版出版权拥有者：力天香港有限公司（地址：香港九龙湾宏开道 16 号德福大厦 1208 室　电话：852-26954929　传真：852-27952660　电子邮件：wlaw@tocnet.com）

本书中文简体字版由力天香港有限公司授权电子工业出版社独家出版发行。未经书面许可，不得以任何方式抄袭、复制或节录本书中的任何内容。

版权贸易合同登记号　图字：01-2005-5924

图书在版编目（CIP）数据

仍然不足够：典藏版 / （以）艾利·高德拉特（Eliyahu M. Goldratt），（以）艾利·斯拉根海默（Eli Schragenheim），（美）嘉露·柏德克（Carol Ptak）著；罗嘉颖译. —北京：电子工业出版社，2019.5

书名原文：Necessary But Not Sufficient

ISBN 978-7-121-36329-0

Ⅰ. ①仍… Ⅱ. ①艾… ②艾… ③嘉… ④罗… Ⅲ. ①企业管理—生产管理 Ⅳ. ①F273

中国版本图书馆 CIP 数据核字(2019)第 069191 号

策划编辑：晋　晶
责任编辑：袁桂春
印　　刷：北京盛通数码印刷有限公司
装　　订：北京盛通数码印刷有限公司
出版发行：电子工业出版社
　　　　　北京市海淀区万寿路 173 信箱　邮编 100036
开　　本：720×1000　1/16　印张：18　字数：218 千字
版　　次：2019 年 5 月第 1 版
印　　次：2025 年 6 月第 13 次印刷
定　　价：69.00 元

凡所购买电子工业出版社图书有缺损问题，请向购买书店调换。若书店售缺，请与本社发行部联系，联系及邮购电话：（010）88254888，88258888。

质量投诉请发邮件至 zlts@phei.com.cn，盗版侵权举报请发邮件至 dbqq@phei.com.cn。

本书咨询联系方式：（010）88254199，sjb@phei.com.cn。

作者简介

艾利·高德拉特（Eliyahu M. Goldratt）

高德拉特博士是以色列物理学家、企管大师、哲学家、教育家、高德拉特全球团队的创立人。他曾被《财富》（*Fortune*）杂志称为"工业界大师"，《商业周刊》（*Business Week*）形容他为天才。他发明的 TOC 制约法（Theory of Constraints）为无数大小企业带来营运业绩上的大幅改善，包括国际商业机器（IBM）、通用汽车（GM）、宝洁（Procter & Gamble）、AT&T、飞利浦（Philips）、ABB、波音（Boeing）等。

高德拉特博士被业界尊称为"手刃圣牛的武士"（Slayer of Sacred Cows），勇于挑战企业管理的旧思维，打破"金科玉律"，以崭新的角度看问题。

高德拉特博士所著的第一本书《目标》（*The Goal*）被众多企业视为至宝。《目标》大胆地借用小说的手法，以一家工厂作为背景，说明如何以近乎常识的逻辑推演，解决复杂的管理问题，结果一炮而红。《目标》迄今已被翻译成 32 种文字，全球热卖突破 700 万册，被英国《经济学人》杂志誉为最成功的一本企管小说。经高德拉特博士多年的努力，TOC 现已涵盖的领域包括：生产、供应链及配销、项目管理、财务及衡量、营销、销售、团队管理、企业战略战术。

他所创立的高德拉特全球团队在各个国家和地区推动"可行愿景"（Viable Vision）项目，将 TOC 在企业界的全面实践提升至新的高度，"可行愿景"的战略战术可以大幅提升企业的盈利及所有部门的协同互动能力。

高德拉特博士创立了非营利机构 TOCFE（TOC for Education），将 TOC 带入教育界，让儿童及青少年学习 TOC，提高思维能力。

高德拉特博士的著作，以出版的先后为序列示如下，从中可见他发明的 TOC 涵盖面的广度。

- 《目标》本书阐述了 TOC 在生产中的运用。故事以工厂为背景，描述 TOC 如何带领一家工厂从危机四伏到逐步化险为夷，进而否极泰来的历程，讲述了许多突破性的管理新思维，引导企业持续改善经营业绩。

- *The Race* 本书以大量图解剖视了《目标》一书所引发的生产管理突破性新概念，著名的"鼓—缓冲—绳子"（Drum-Buffer-Rope）生产管理方法在书中也有详细论述。

- 《大海捞针》（*The Haystack Syndrome*）本书从电脑资讯系统的角度看 TOC 生产，如何找寻及建立真正对企业有用的资料，即推行 TOC 时所需要的极重要资料。分析 TOC 生产排程、衡量、"成本世界"和"有效产出世界"等，对著名的 TOC 练习"P&Q"小测验也有深入分析。

- *Theory of Constraints* 本书解释了如何寻找瓶颈和管理瓶颈，著名的 TOC 聚焦于五步骤如何令企业持续改善，以及 TOC 思维方法的要义。

- 《目标Ⅱ——绝不是靠运气》(*It's Not Luck*) 本书是《目标》的续篇，讲述了营销、销售、配销及 TOC 思维方法。书中三家企业的故事，都是高德拉特博士的亲身经历，运用 TOC 达致突破性的解决方案。作者强调，企业的成败并不归结于运气。

- 《关键链》(*Critical Chain*) 本书讲述了如何运用 TOC 解决项目管理的三大难题(延误、超支、交货内容不符要求)，所描述的"关键链"项目管理方式比传统的"关键路线"(*Critical Path*) 更有效，是项目管理技术上的一大突破。小说描述了一群来自不同行业的管理人员怎样在项目中一步步地寻求新出路，趣味性很强，实用性也很强。

- 《仍然不足够》(*Necessary But Not Sufficient*) 本书讲述了高科技的有效运用，如电子商务、ERP、MRP 等，这些高新科技都被认为能解决企业的大难题，但都十分复杂，投入了大量金钱和时间，却往往收效甚微。作者指出，高新资讯科技对企业来说是需要的，但仍然不足够，还需要有一些极重要的因素配合，才能令科技真正提高企业的运作效益。本书内容的时代感很强。

- *Production the TOC way* 本书附有光盘，内载 5 个著名的"TOC 生产"模拟器 310、312、350、360 和 390，模拟各种形态的工厂如何有效运用 TOC 达致营运上的大突破。这批模拟器都由高德拉特博士设计，书中有详细的使用说明及逻辑分析，这是学习 TOC 生产的最生动的方式。

- 《抉择》(*The Choice*) 本书风格独特，以高德拉特博士跟他的女儿对话的方式，来揭示 TOC 的深层次内涵，包括逻辑思维、双赢、冲突的化解、所有系统固有的简单性、如何以科学家的思维为企业的难题找出解决方案、人与人之间的关系等。作者指出，我们是否有完美人生，纯粹是我们自己的决定、自己的抉择。由于本书内容形式为充满智慧的对话，这使本书的可读性很高，可大大提升及扩展读者在 TOC 轨道上的思维能力。

- 《醒悟》(*Isn't It Obvious?*) 业界认为，这本小说比脍炙人口的《目标》更具启发性及震撼力。本书讲述了 TOC 在供应链上的应用，特别是零售业，也涉及零售和生产的互动，是 TOC 的一大突破。

译者简介

罗嘉颖

香港大学文学院毕业，专攻翻译及管理，除中、英文外，还通晓德文和西班牙文，曾游学英国、德国和美国，深入探讨语言的奥秘。

罗嘉颖是新一代翻译人，她的第一本翻译作品《关键链》曾获翻译界大奖。《仍然不足够》是她的第二本译作，同属高德拉特博士的 TOC 企业管理小说系列。

审校者简介

罗镇坤

罗镇坤是高德拉特学会总裁，负责在中国大陆、香港、澳门、台湾地区推广本书作者高德拉特博士所发明的 TOC 制约法。

罗镇坤曾在美国、以色列及英国接受严格的 TOC 高阶培训，获得了"钟纳的钟纳"（Jonah's Jonah）称号。他具有二十多年 TOC 实战经验，建立了分布于全国的 TOC 团队，以提供企业界所需的 TOC 顾问服务，帮助客户实施 TOC，显著提升企业的运作及盈利表现。参加过罗镇坤在各地举行的 TOC 公开及内训课程的学员数以千计，通过网上群组，他跟广大 TOC 粉丝紧密联系，向大家提供 TOC 的最新信息。

罗镇坤毕业于美国纽约州立大学，是一位特许工程师（Chartered Engineer），香港工程师学会及英国计算机学会资深会员、欧洲工业工程师学会会员、英国管理服务学会会员、美国电机及电子工程师学会（IEEE）会员、香港管理专业协会会员。

在投身 TOC 之前，他已有二十多年的管理经验，曾在许多大机构中担任高级管理职位,包括香港国际货柜码头、中华煤气、森那美、中华电力。他曾为各专业及工商团体作 TOC 专题演讲。

罗镇坤于 1995 年成立力天香港有限公司,负责在 TOC 发明人高德拉特博士的授权下制作及出版其著作的中文版。他是 TOC 系列图书《目标》、《目标Ⅱ——绝不是靠运气》、《关键链》和《仍然不足够》的审校者,《抉择》、《醒悟》和《大海捞针》的译者。

目　录

前　言

发挥资讯科技的真正威力

高德拉特

保罗·贝恩是我的老朋友，有一次，他来找我，保罗和他的哥哥杨在 20 世纪 70 年代末期成立了一家计算机软件公司。凭借他俩的才智和不懈的努力，贝恩公司（Baan）发展为全球计算机系统公司中的翘楚。

保罗对我说，虽然公司的业绩是前所未有的理想，但对于下一步该做什么，他们有些迷惘。于是保罗请我分析一下他们的公司，并提出可采取的策略。当时我的工作已排得满满的，但既然是老朋友，我当然不会推辞。

如我所料，分析没多久便完成了，令我意外的倒是分析得出的惊人结论。这份分析明确地指出，整个计算机系统产业正像一列高速火车，冲向一道石墙。

这个产业早已习惯了每年 40% 的增长率，他们唯一关心的是如何甩开竞争对手，即如何令增长率高于 40%。我的分析指出，部分公司很快就会无以为继，谁都有可能很快垮掉。倒闭的公司会令其他公司多支撑几个月，但谁也维持不了原先的增长率，而且几年之内，所有公司也会几经挣扎才会获利。

我怀疑这个产业中没有几个人会相信我的预测，当时市场特别景气，利润又如此丰厚，而我的解决方案又需要这些公司大刀阔斧地改革经营方式。然而，保罗和杨却听取了我的建议，并开始在他们庞大而多元化的公司中努力争取经理们的认同。不过，在那一年年底前，他们还未取得全面的认同时，我的分析预测便已开始成真。遗憾的是，贝恩公司是头一批受挫的公司之一，而且是重重的受挫。如今，距离我跟保罗初次讨论时已过了4年，每年40%的增长率仿佛已是遥远的梦，产业中所有公司都要几番挣扎才能盈利。

我的分析已由事实验证了，但我稍后会解释，为什么软件公司光采纳那份分析的解决方案是不足够的。不采纳该方案不仅令软件公司受损，更令其客户受损。过去几年，差不多所有企业都投资大量金钱在计算机系统上，数额以千万甚至上亿美元计。虽然投资庞大，但我至今还未听到有任何一个机构宣称，计算机系统的投资大大提高了它们的盈利。事实上，大多数机构认为计算机系统的投资是不得不进行的厌恶之举而已，这种想法造成的损害何其巨大。其实，计算机系统的确可以令企业生气勃勃，令业绩攀上高峰，只要我们能够回答以下的问题。

问题一：计算机系统科技的真正威力在哪里？

我认为计算机系统科技的威力，在于它处理资料的能力。计算机在资料储存、各部门之间的资料传送及资料检索方面有惊人的威力，计算机系统在这三方面的表现远比我们以前采用的科技——纸张科技——优秀很多倍。为证实这点，大家不妨想象：你用旧科技储存公司所有资料，换言之，把公司的计算机资料全都列印在纸张上，然后，在这些堆积如山的纸张中寻找某个资料，会需要多长时间呢？再比较用计算机检索该资料所需的时间，一般人如果要等待多过数秒，便会投诉计算机系统运行过慢了。

毫无疑问，计算机系统的威力惊人。但别忘记，公司中并非所有的管理人员都是科技狂，他们大多数都只关心一件事，那就是科技能带来什么效益，科技对公司的业绩有何实质性的影响。

科技如何带来效益呢？方法只有一个：科技必须能够减轻公司所面对的某项限制，这样才能让公司获益。所以，我们就别再盲目崇拜科技的威力了，而先要问一问下一个令人困扰的问题。

问题二：科技到底减轻了什么限制？

我认为这项限制就是，任何机构、任何部门、任何层级的管理人员都需要在资料不全的情况下做决策。

试回想一下，在没有计算机系统的年代，一个部门产生的运作资料几乎从来无法让其他部门及时取得。根据我的经验，差不多所有决策所需要的资料，都起码有一部分是来自其他部门，正因为如此，人们只能在资料不全的情况下做出决策。

我说的并非惊天动地的决策，以一个机械工为例，他面前有一堆物料，领班必须决定是否让他处理这堆物料，而做出这个决策所需要的一项重要资料是，这台机器和最终客户之间的物料流动中，是否已经有相当的量在向前移动？如果是，那么根据 TOC 制约法及 JIT 及时生产概念，这个机械工就不应该现在就处理这堆物料，尽管他正闲着，也应该等一等。但如果这堆物料在这个部门之外，领班能够及时得知的机会有多大呢？他只能在资料不全的情况下做出决策。

在一般机构，有什么限制会比在资料不全的情况下做出决策更为重大呢？

任何能够减轻这项重大限制的科技，应该可以为企业带来巨大的效益。

且慢，如果这个说法成立，为什么我们从来没有听说过有多少机构在安装了计算机系统后，获利就跳升 10 倍呢？为什么我们常听到的是，很多企业对计算机系统大失所望？

既然计算机系统似乎未能令获利跳升，那么我们的分析一定忽略了什么，那究竟是什么呢？

看来我们要追溯到更早的年代。在计算机科技面世之前，我们便已经在管理企业了，那时我们是怎样管理的呢？早在科技面世之前，我们建立起某些行事方式、衡量基准、政策及规则，以顺应这样的限制，让我们统称它们为"规则"吧，虽然这些规则大都不是白纸黑字写下的。

当我们采用了科技来消除限制却又"忘记"更改规则时，我们会得到什么效益呢？

答案十分清楚，沿用那些帮助我们适应限制的规则，后果就如同限制仍然存在无异，换言之，别期望能获得重大效益。

因此，我们必须懂得回答第三个问题。

问题三：什么样的规则让限制得以延续？

在计算机系统科技的例子中，最大的限制就是我们要在资料不全的情况下做出决策，而所缺的都不是本部门产生出来的资料。难怪为了避免这项限制而发展出来的现有规则，都关乎如何利用现有资料做决策，都是"局部效益规则"。由于每位管理人员都受到这项限制影响，因此这类"局部效益规则"在企业中比比皆是。（我的读者会留意到，在生产、财务、营销及项目管理领域中都有不少"局部效益规则"的例子，而这本书将给出更多例子。）

我在这里要指出，只把过时的规则找出来，还不足以建立新的规则，因此我们必须提出第四个问题。

问题四：我们现在应该采用什么规则？

就计算机系统科技来说，这大概是最难解答的问题之一，例如，大家都知道，成本会计全是基于局部效益的，但我们应该以什么取而代之呢？有人建议作业基础成本法，我则建议有效产出会计。然而，还有多少计算机系统仍在搞那些落伍的"产品成本"数据呢？如果我没错的话，全部都是。

为什么会这样呢？

原因是，设计计算机系统的人往往不知道他们遵循的一些规则，正是他们的科技企图减轻的限制所引发的，他们根据这些旧规则设计科技,把旧规则牢牢地嵌在科技中,令科技无法带来真正的效益。依我看,这正是计算机系统科技的现况,也解释了为什么软件供应商只大谈什么"增加资讯透明度",而避谈软件可为获利带来什么显著改善。

计算机系统绝对有能力为企业带来大幅改善,要达到这个效果,我们必须回答第五个问题。

问题五:鉴于规则的改变,科技也要做出什么改变?

我估计商业性的计算机系统需要改动 1%~2% 的程序,并把另外 30% 移除,我希望未来几年会有更多基于新规则的商业性系统,至于落伍和冗余的程序会多快完全退出舞台,我就不那么乐观了。

然后,我们必须回答最重要的问题,即第六个问题。

问题六:怎样主导这场变革?

大家都知道,由旧科技转向新科技绝不简单,现在我们更了解到,更换科技只不过是整个挑战中最小的部分而已。要得到效益,我们必须同时改变规则——那些早已融入我们行事方式和企业文化中的规则。

大概由于这个原因,绝大多数软件供应商都不愿意推出以新规则为基础的系统,他们认为,要改变企业的管理模式并不是理所当然的。我和很多软件公司的管理人员谈过,他们表示,市场需要什么,他们便舍争去满足,所以关键在企业自身。

需要有更多的企业认识到，要成功，就必须解决它们最大的制约因素，而现在绝大部分企业面对的最大制约因素就是，基于局部效益的规则实在太多、太具破坏性了。

我的两位写作伙伴艾利·斯拉根海默和嘉露·柏德克劝服我，带出这个信息的最有效的方法是写一本企管小说，这样，读者就可以明白各机构运作上的来龙去脉，包括软件公司和实施软件的系统集成商，更重要的是，明白一个机构实施计算机系统时的各种互动关系。

以小说形式写一本技术性的书是有风险的。技术性小说犯个小错，甚至解释一点什么东西不够清晰，就会异常碍眼。任何读者，就算门外汉，察觉到这些瑕疵后，也会认为故事不现实、不可信，三四个这样的瑕疵就足以令大多数读者把书在阅读中途抛弃掉。因此，技术性小说必须将所有信息极清晰地带出。但是，有相当多的读者，就算欣赏这本书，也会认为内容是"常识"而已。这点不是问题，问题在于，由于是常识，读者便会忽略其中的信息，而继续现行的谬误。

我希望您细读这本书，会喜欢它的布局，思考它的内涵，如果您觉得它是"常识"，千万别忽视它，相反，要践行它。

导　读

高德拉特机构区域总裁　罗镇坤

科技与 TOC

高德拉特博士是以色列物理学家、"制约法"（Theory of Constraints，TOC）的发明人。他的作品风靡全球，都以 TOC 为经纬，展示 TOC 在各个主要管理领域的应用：《目标》以生产管理为主线；《目标Ⅱ——绝不是靠运气》以营销、配销管理及如何破解冲突等为主线；《关键链》以项目管理为主线；《抉择》是 TOC 最高层次思维的演绎；《醒悟》以零售业为主线，而《仍然不足够》是关于科技的有效运用。

请让我在这里提供一些背景资料，令大家阅读时获益更多。

欠缺了什么

《仍然不足够》书名所说的"不足够"是指什么呢？作者的意思是，要好好管理一家企业，科技（尤其是信息技术）是必需的工具，但光靠它来达致企业绩效的显著改善，还是远远不足够的。

那么，还欠缺什么呢？这就是本书要解答的问题。

我建议读者在翻开这本书正文之前，先读一读高德拉特博士所写的前言，这篇文章有力地点出了小说针对的问题。我要特别指出的是，在全球各语言版本的《仍然不足够》中，这篇文章只在中文版中出现，文章是在英文原著出版后才写的，高德拉特博士特别要求我加进书中，以飨广大中国读者，这是他的一点心意。

效益在哪里

信息技术是一个热门话题，随便翻开一本管理杂志，触目的广告和文章都关于网上交易平台、云端数据库、ERP（Enterprise Resource Planning，企业资源计划）等。这个潮流是不可阻挡的，但问题是，企业花费巨资在信息技术上，试图改善运作，但最终盈利是否真的会大幅跳升呢？最常听到的答案是——"没有！"这令人气馁。

对我个人来说，这个问题和答案对我的冲击非常大。在投身TOC事业之前，我的专业是信息技术，曾担任几家大企业的信息技术主管，如果你当时问我："每年我的部门花那么多钱搞IT，到底有没有为公司带来效益？"我会坚定地回答："毫无疑问，当然有，怎么可能没有？出报表的速度快了，员工在更短时间内获得更多资料……"但如果你再追问，这些效益能否以公司多赚的钱来衡量？换言之，公司所赚的钱中，有多少是真正由于安装了新的计算机硬件或软件带来的？而这个数字跟已花在IT上的钱，成不成一个合理的比例？面对这一连串问题，我只能支吾其词，甚至哑口无言。

我特别欣赏小说的第 8 章，它描写一群计算机专家挖空心思，为回答老板提出的以上尖刻的问题而忙得满头大汗、狼狈不堪，我读后很有共鸣，同时也会心地微笑。共鸣，是同情，因为我是过来人；笑，不是幸灾乐祸，当年不懂 TOC，不知道什么才可以真正提高公司的整体效益，处境当然就是这样；笑，是笑自己从前为什么那么愚蠢、自以为是，不懂得从一个更宽广的角度来看整体的问题，为企业做真正有效益的事，反而只顾把一些似是而非的现象硬说成骄人的 IT "成绩"。

我必须指出，强调整体效益是 TOC 一贯坚持的主张。

又爱又怕的新科技

故事讲 ERP 供应商霸软公司的奋斗史，以及它与企业客户群、竞争对手和合作伙伴之间的互动、争斗。这个场景对信息技术行业，尤其是 ERP 行业，以及已安装或正考虑安装 ERP 的企业来说，会有很大的启发。ERP 供应商和客户之间的关系惊涛骇浪、酸甜苦辣，是很多人都经历过的。

中国是 ERP 一个很大的市场，这里有外来的著名 ERP 品牌供应商，有无数本地供应商，有为实施 ERP 提供咨询服务的顾问公司，当然也少不了硬件供应商，这个庞大的产业队伍高举科技大旗，走向广大的市场。

另一边，是急于赶上潮流、企图以 ERP 提升竞争力的企业。但展现在它们眼前的是——吹得天花乱坠的 ERP 广告和建议书、满纸计算机技术性名词的报告书和分析、令人咋舌的 ERP 价格和顾问服务费、没完没了的 ERP 实施项目、低得令人心寒的实施成功率、令人怀疑的成效。难怪企业老板眼花缭乱，忐忑不安，心中充满疑惑。

何去何从？

TOC 和 ERP 的结合

高德拉特博士对 ERP 的价值是肯定的，ERP 用得其法，的确可以发挥巨大的威力，有远见的机构都应该认真考虑实施。高德拉特博士无意把市场上现有的 ERP 系统通通都说成垃圾，需要抛弃、重新设计或做大幅度修改。

高德拉特博士只想指出，在 ERP 提供的数据和资料的汪洋大海中，企业主管一定要懂得什么才是最重要的、一定要紧盯的，如有关企业瓶颈的资料。懂得活用这些为数不多但极为重要的资料，并及时采取应对措施，才能令企业的盈利在短时间内有显著改善。

在这个过程中，TOC 概念发挥着决定性作用，TOC 要求大家特别留意的资料和事项，跟一般老板的传统概念有很大的不同，很多时候甚至恰恰相反，看过《目标》《目标Ⅱ——绝不是靠运气》《关键链》《醒悟》的朋友，对此会有很深刻的体会。

说到底，要好好发挥 ERP 的功能，老板所扮演的角色非常重要，但老板是不是要恶补计算机知识，成为大半个计算机专家，才有望成功实施 ERP？绝对不是，这样做没有必要，也没有用，他只需要懂得根据 TOC 的原则问问题，以及提出明确要求就可以了。他绝不能贪图舒服、方便，以"我是 IT 门外汉"为借口，将实施 ERP 的主导权随随便便让给一群计算机专家，将 ERP 变成一个纯科技项目，这个做法是注定失败的，而失败的原因往往跟所选软件的优劣无关。

值得一提的是，不少 ERP 供应商和顾问大批订购《仍然不足够》送给新老客户，他们认为这本书可以帮助老板们克服对 ERP 又爱又恐惧的心理，指出运用这项新科技的崭新路径和方法，确保在 ERP 上的投资会带来快速和巨大的回报。ERP 供应商和顾问的做法实在非常聪明。

TOC 专家队伍

读者还将留意到，作者在最后几章多次提及 TOC 专家在 ERP 实施中发挥的作用，主张企业管理阶层、ERP 专家及 TOC 专家三位一体，协同运作，这才是 ERP 实施之道，才能令 ERP 新科技快速为企业带来巨大的盈利效益。

小说也点出了世界各地面对的一大难题，就是 TOC 专家严重短缺，人才难求。高德拉特博士想借这本书发出一项动员令，要各地经验丰富的 TOC 高手加快培育更多新人，投入 TOC 行列。

协助改变公司相关运作规则和思维模式，以配合 ERP，是 TOC 专家发挥的重要功能，作者的"前言"对运作规则已有详细解释。

TOC 思维方法

对 TOC 有认识的朋友可能会感到诧异，TOC 系列书籍中最常见的思维方法是"逻辑分析图"和"冲突图"，在这本小说中并没有出现，这最引人入胜的逻辑思考部分被剔除了吗？没有，只不过是形式变了。本书的第 7 章，描写 ERP 公司总裁心系几件大事，夜不能寐，半夜起床，手捧一大杯牛奶，在园中踱步，努力思索，寻找矛盾的关联。这段思维流程的描述，就是典型的 TOC 思维方法，十分有味道，"冲突图"跃然字里行间。还有，作者在前言中的逻辑推演，也是 TOC 的典型思维，即以科学家的眼光分析事物的来龙去脉，直抓问题核心。请读者留意仔细品味。

不断探索、实践和学习

TOC 系列作品的读者主要是企业管理人员，一般都很忙，为方便他们抓紧时间阅读，我特别在书的末端加上一张表，列出书中各人物的身份和关系，因此就算没有时间一口气读完，每次翻开小说，在这张表的协助下，仍然可以很快地重新投入小说中的情节。此举是否真的有帮助，希望读者告诉我。

要牢牢掌握及运用好 TOC，要不断探索、不断学习。高德拉特博士创立的全球性"高德拉特机构"提供各种 TOC 服务及学习渠道，也开展 TOC 实施项目，帮助企业全面推行 TOC。

作为高德拉特机构区域总裁，我深感任重而道远，希望借着《仍然不足够》、TOC 系列书籍和活动，结合对 TOC 有兴趣的企业和人士，形成一个网络，共同探索、学习和实践 TOC，（请参阅书后的读者调查表）。在 TOC 的道路上，我们起步虽然比欧美国家晚，但已渐渐积累了一些实践经验，TOC 也为越来越多的人所认识和了解。我拟将自己应用 TOC 的经验整理成书，与大家共同分享。我深信，只要各方共同努力，TOC 一定可以为更多的企业带来骄人的成绩。

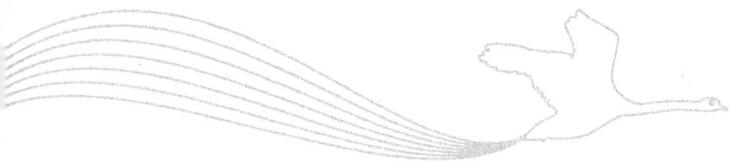

1

居安思危

Necessary But

Not Sufficient

某年 1 月 24 日

"进来吧。"史高泰起身和他的客户经理庄仕登握手。

史高泰外表冷静优雅,看上去像一位贵族而非一个白手起家的美国本土人,现年 46 岁的他领导着全球最为成功的计算机软件公司之一。

"请坐。"史高泰示意庄仕登坐在办公室的另一边。"我想知道,我们和艾卡公司的业务进展如何?"庄仕登顿时面露喜色。

据说史高泰安排来访者坐在办公室的哪一边,代表他谈话的性质,如果史高泰要你坐在他那巨大办公桌的对面,你就不得不忍受一大串连珠炮似的、追根究底的盘问,不到 5 分钟,你就会站在他的门外,感觉像被榨干了的柠檬。

但是,如果他示意你坐在办公室另一边舒适的皮椅上,他多半会跟你高谈如何适应当前的大环境。听史高泰阐述业界的大环境真是再有意思不过了,不仅是他的员工,现在就连华尔街的分析家都十分惊叹他剖析业界动向的能力。具体地说,这里所指的"业界"是信息技术行业。

史高泰成功地把一家小型软件公司发展成为今天市值逾百亿美元的龙头企业,这当然使他享有更高的信誉去从事以新科技冲击市场和潮流的冒险投机行业。

"我们和艾卡公司的业务进展如何?"两人坐下之后,庄仕登重复着史高泰的问题,一边寻找一个简洁而有力的回答,"开始时共有 9 家公司投标,现在只剩我们和 FDP 公司了。"

"还有呢?"史高泰问。

"看起来不错。"史高泰示意继续,庄仕登说:"我们遵循我们的标准销售策略，很管用。"

一家公司要在竞争异常激烈的大型计算机系统市场中生存，除了出色的产品，还必须具备许多其他条件，特别是对于平均销售额达到几百万美元，甚至几千万美元的公司，优秀的销售策略是至关重要的。

史高泰为他的销售队伍创立了一个独特的销售策略。他注意到信息技术行业在迅速扩张，覆盖到越来越多的文职工作中，但相关的标准没有跟上去，于是他想办法把信息技术行业的这个障碍转变成竞争优势。

竞争伊始，确切地说，是在客户向软件公司发出正式招标之前，史高泰的人马已经做好准备工作，瞄准那些代表客户评估他们呈交的系统建议书的专家，当竞争对手正忙于认识及拉拢客户的决策层之际，史高泰的人马却致力于教育那些评估小组的专家。不是教他们霸软公司的系统是怎样运行的，而是让他们知道：符合客户行业需求的系统应该怎样设计出来，各种结构的优点和缺点，以及分清哪些功能是重点，哪些只不过是吸引无知者的噱头而已。

这个策略的用意是，当评估小组的专家比较各个系统建议书以找出最佳方案时，史高泰团队所灌输的知识就成了专家评核的标准。在这个尚没有真正标准的行业，史高泰的公司占了极大的优势。

史高泰看看计算机屏幕，说："我知道 FDP 公司被迫在其订单输入模块中加入很多新的功能，试图在艾卡公司做决定前扭转局势。"

"是的。"庄仕登笑着说，"他们的头两次尝试彻底失败了，昨天是他们展示财务数据处理程序的最后机会，听说他们大出洋相。我认为艾卡公司还不把他们踢出局，只是为了向我们榨取更好的条款罢了。"

"我们在条款方面如何？"

"比预期好，艾卡公司已经同意了我们的财务预算，同步用户数已谈妥了，我知道 KPI 公司也完成了关于系统实施服务的谈判。"庄仕登将身体前倾，轻轻地说："我们还未使用秘密武器，即每个模块分开收取维修费的建议。"

他信心十足地补充道："下星期一我们将与他们会面，确定具体细节，我想不会有什么问题了。"

史高泰微微一笑，待庄仕登正视他之后，才轻声问："形势看起来这么好，何以在你的销售报告中……"他顿了一顿，用更轻的语调继续："你估计本季度达成这笔交易的胜算只有五成？"

庄仕登不安地动了一下身子，说："只是因为……"他没有说完。

"你担心 FDP 公司会耍什么花样吗？最后一刻的反击？"史高泰鼓励他说出想法。

"不，我认为 FDP 公司那样做为时已晚，到了这个阶段，他们耍什么花样都于事无补。这和 FDP 公司无关，也不关乎艾卡公司，只是……"

很明显，庄仕登感到很不自在，他鼓足勇气说下去："只是我以为你要我们小心点。"

"你指的是我那恶名昭彰的头条准则——'要谨慎'？"

"是的。"庄仕登怯生生地回答。

"所以，在你的销售进展报告中，你故意写得谨慎点了？"

"是的。"

史高泰把身子向后靠，面带笑容说："庄仕登，如果你想模仿我，必须考虑一点，在我的词汇中，'谨慎'二字跟它一般的含义大有区别，依我看，大多数人往往把谨慎与所谓的短视混为一谈，你知道要做到真正的谨慎有多难吗？"他停下来，似乎期待一个答案。

庄仕登很聪明，他不作答。

"要谨慎，你就必须不断评估自己的行动对全局的影响，这意味着你必须执着于深刻地了解全局，明白吗？"庄仕登似乎不大肯定。

"需要我解释吗？"

"是的，请赐教。"庄仕登热切地回答，他洗耳恭听，他听过有关这位传奇行政总裁的传说很多次了，听说，跟他深谈总能启发人以全新的视角看待公司的问题，至少每个有幸和他深谈过的人都是这么说的。

"你有我们公司股票的购买选择权。"史高泰说。

"我也持有公司的股票。"庄仕登主动提起，他相信这会有帮助。

"那么你大概知道它们的价值了？"

"今天早上的股价是 76.58 美元，上升了 0.5%。"庄仕登乐于表现他对公司的忠诚。

"看得出你一直留意股价啊。"史高泰点了点头，"你有没有注意到我们的股票与其他蓝筹股有什么区别，如通用汽车或通用电气？"

"我们的股价涨势更凶。"庄仕登很快作答。

"去年升得不是太快呦，"史高泰纠正他，"我指的是其他区别，一些把我们和那些蓝筹公司完全分隔开来的区别。"

显然，庄仕登并不知道。

"决定一家公司价值的一个要素，是它的利润。"史高泰耐心地解释，"对大多数公司而言，市场定它们的价值大约在全年利润的 10～25 倍，这就是所谓的'市盈率'。"

"20 世纪 80 年代，曾经有一批公司达到的市盈率高得惊人，它们的起家都是凭新兴产业——遗传学技术，当时新科技似乎很容易令人迅速发迹，那些公司的股票曾以高达 40 倍市盈率进行买卖！"

等庄仕登明白过来，史高泰言归正传，说："你知道我们公司的股票在市场上现在的市盈率是多少吗？"

庄仕登不晓得。

"超过 100！"史高泰宣布。

"太棒了！"庄仕登很兴奋。

"是的，很棒。"史高泰说，"但这是有代价的，市场为什么认为我们值这样高的价钱呢？"

"因为我们发展得这么快？"庄仕登不太确定。

"没错。"史高泰肯定了他的话。"如果一家小公司销售额增长了 30%，比如说，一年之内从 300 万美元增加至 400 万美元，那很不错，不过也没什么了不起，但是，你很难期待一家市值

3 000 万美元的公司有如此高的增长率，更不要说一家市值 3 亿美元的大公司了。"

庄仕登忍不住提出异议："不过，去年我们的销售额的确从 9 亿美元增长到了……到了……"

"的确，我们做到了，去年我们达到了 13.7 亿美元的销售额，增长了 40% 还多一点儿，不仅是去年，前年、大前年及再往前一年也如此。"

"所以，市场期待我们今年的业绩仍是如此辉煌。"庄仕登开始明白了，作为专业销售人员，他很清楚，概述自己对事情的认识会给人留下好印象。"市场看好我们有高市盈率，是由于预料我们能够保持超凡的增长率。"

史高泰点头表示同意，然后引导庄仕登拓宽视野，他说："我们的表现尽管出色，但并不足以博得高出 100 的倍数，关键在于市场对我们行业的信心。"

史高泰注意到庄仕登并不明白这句话，于是补充道："不仅仅是我们，还有我们的竞争对手，所有主要竞争对手都达到同样的增长率。每个季度，这些大公司都报出 40% 的全年增长率，这已经成了我们这个行业的标准，所以，更准确地说，市场不仅预料我们有高增长，股票市场已把这个惊人的增长率视为理所当然的了。"

庄仕登点点头，表示他懂了。

史高泰继续说："这么高的市盈率给我们带来的巨大影响力，可以说是我们迅速发展的关键。"

史高泰预料庄仕登没意识到这点，于是继续说："要谋求发展，我们必须为市场不断拓展产品种类。令人羡慕的是，我们不必从零开始开发产品，不必花时间研究产品及相关的技术，我们只须看准行业中最出色的公司，然后收购它们，不论价钱多少，你明白吗？我们根本不用付钱，我们的股票如此值钱，拿出一小部分就足以支付了。"

史高泰顿了顿，望着庄仕登说："现在让我们练习一下怎样才是谨慎吧，目前形势一片大好，可你能看出潜在的危机吗？"

庄仕登明白，史高泰正在考验他，他不着急，想了想，然后慢慢地说："要保持这样的增长率不是越来越难了吗？我们现在的销售额已经超过 10 亿美元了。"

"正是如此，今天早晨我还告诫自己：形势越好，便可能变得越糟糕。但是，你能否明确地告诉我危机在哪里？"

庄仕登小心翼翼地回答："市场认为我们的高增长率是天经地义的，认为我们必然可以继续每年增长 40%，那么，如果我们的销售预估失准，哪怕只是一次，只是一点点……"他忽然失去信心，说不下去了。

"你的洞察力很强。"史高泰似乎很满意，"很好。"他鼓励庄仕登得出结论，"那么，会有什么后果？"

庄仕登不再犹豫，说："我想市场会对我们失去信心，我们的股价也会相应下跌。"

"正是。"然后史高泰又做了一点更正，说："假如我们有一个季度的预估失准，如销售额结果低于预期 3 000 万美元，后果会十分严重，我估计，我们的股价会下跌约 20%。我们要是连续两个季度不能达到预估的标准，那就完蛋了，市场会重新调整对我们的评价，并怀疑我们迅速发展的高峰期已过，如果那时我们的股价下跌至现在市价的 20%，我不会觉得惊讶。"

庄仕登不禁惊叹："那可是大灾难啊。"

"的确是。"史高泰同意，但为了避免破坏性的流言传出去，他马上说："还好，我们离那种情形还远着呢。"他带着自信的微笑问道："那么我干吗要说这番话呢？"

"因为这非常重要。"庄仕登回答。

"的确，但我希望你明白'谨慎'二字的真正含义。"史高泰表情严肃地说："'谨慎'就是要居安思危，我们的情况就是现成的例子，一般的公司都拼命提高利润，而对我们来说，最重要的不是利润，而是保持高增长率，这几乎影响我们所做的一切。"

史高泰说完，耐心地等待庄仕登默默思索他的话。"我现在明白了。"庄仕登终于开腔。

"说说看。"

"我明白我的前一笔交易发生什么事了，我们几乎就要签下一张 4 000 多万美元的大订单，只差同步用户数未谈成，这只是小事一桩，例行公事而已，然后我收到的指示都是，要我采取强硬立场。"庄仕登的语气中流露出他对这个指示有多气恼，"没错，我们没有失去这笔交易，但因此耽搁了近两个月。"

"你现在领悟到什么了？"

"我想应该是那个季度我们的销售额已经达到了，所以就把这笔交易推至下个季度，嗯……"

史高泰看看手表，知道是时候结束谈话了。"庄仕登，我希望你明白我所谓的'谨慎'是什么意思。不要被表面现象蒙蔽，应采取实际行动，以确保成功。"

"我明白。"庄仕登向他保证。

史高泰站起身来，语气轻松地说："既然如此，我建议你重新审视一下，把已经是囊中之物的买卖说成只有 50% 的胜算，是否就做到了真正的谨慎。"庄仕登会心地笑，说："我明白了。"

史高泰回到他的办公桌，喃喃自语："他明白了，可我明白了吗？"

情况一季比一季艰难，上个季度，尽管是年底，也没有可供调拨的空间，没有任何生意可以推到今年。目标越来越高，新客源却越来越少，他们怎样才能改变这种局面呢？

霸软公司的策略够高明吗？这个策略能清楚地指导公司如何成功并保持高增长率吗？

他们的策略是尽量多做一点儿他们一向在做的事，史高泰自己除了确保一切平稳运行，什么也不干。他把所有的时间都花在检查上：检查正在谈判中的大交易；检查各主要客户经理是否合作良好；检查产品开发的进展情况；检查客户服务的质量……这张检查清单没完没了，占去了他全部的时间。

然而，这就足够了吗？尽量多做他们一向在做的事就足够了吗？

2

在怒火中诞生的公司

Necessary But

Not Sufficient

30 天后（2 月 23 日）

上午八点半，设在总部的系统开发部的电动门打开，兰尼走进去，手中同时拿着两个杯子和一个公文包，这个技巧只有他才懂。这两个杯子，一杯是加牛奶的咖啡，一杯是红茶，这种喝法也是兰尼的特色。

系统开发部副总鲁杰坐在办公室里，就在兰尼的隔壁，他看看手表。心想："兰尼永远都是这么准时。"鲁杰敢打赌产品的推出日期不会改变，兰尼和史高泰大概已经在饭局中谈好了，他从桌上拿起文件，跟着兰尼进入他的办公室。

兰尼把两个杯子放在桌上，把公文包往地上一抛，匆匆喝了一口茶，然后抬起头来。"早晨好，鲁杰，在你提问之前，让我先回答你，是的，产品推出日期仍然是 4 月 15 日，新的供应商绩效衡量功能将不包括在内，除非我今天能完成那些详细规格说明，有什么问题吗？"鲁杰说："兰尼，我建议再看一遍 7.2 版的功能清单，清单有点儿不切实际，这与包不包括新的供应商绩效衡量功能无关，我担心没有足够的时间去做品质保证。兰尼，我们必须把优先顺序清清楚楚地告诉程序员。"

兰尼思考片刻，说："如果我告诉你各个新功能的相对重要性，我知道会有什么后果，我不准备放弃我们计划要加入的任何一个新功能。"

"兰尼，这不公平。"鲁杰回答说，"你不可能两者兼得，如果你不愿意弹性处理推出日期的话，就必须在功能数目上给我们一个回旋的余地。"

兰尼审视鲁杰，想了想，说："好吧，鲁杰，我告诉你各个功能的优先顺序，好让你在万一尽了一切努力仍然无法及时完成时知道怎样取舍。功能清单在哪里？"

鲁杰显然松了一口气，他把清单递给兰尼，兰尼开始在上面勾画起来。

电话响了，兰尼没去接听。

电话留言的声音传出来了："我是 KPI 公司的路狄，我有一个大客户正逐步停止使用 MAN 软件而转向我们，我们必须让他们看到，我们能快速而干脆地完成实施，要是不能顺利将数据库转换过来，我们系统的实施就会毁于一旦，情况非常紧急，请尽快给我回电话。"

兰尼望着鲁杰。"KPI 公司的生意差不多全部来自我们，但这并不表示我们就可以忽视他们。"他说。

"你用不着提醒我，KPI 公司是我们最大的系统集成商（System Integrator）。"鲁杰大为不悦，"事实是，菲腊的小组正为互联网功能模块忙得不可开交，你说那是首要的。"

兰尼并不接受他的说法，反驳说："菲腊的小组也许真的很忙，但这不等于我们可以不理 KPI 公司而让它自生自灭。不用我提醒你也知道，我们也依赖 KPI 公司，就像它依赖我们一样，KPI 公司负责为我们 80%以上的客户实施我们的软件系统。"

鲁杰开始解释他是怎样应付的："我已经将这个任务转交给伦敦分部的亚瑟了，他答应两星期内给我答复。他把这项工作指派给了一个叫麦莱莉的人，据亚瑟讲，她是个能干的程序员，但仍是个黄毛丫头，实际经验不多。头两次数据库转换失败之后，我要求亚瑟亲自上阵，但这似乎帮助不大，看来这一定是一条相当棘手的软件臭虫。好吧，我会叫薛提夫找个合适人选补上。"

他停了停，深深吸了一口气，说："你盯着我干吗？我不会自己上阵的，我最后一次写计算机程序是 13 年零 3 个月之前，我还没有加上天数。"

兰尼笑着说："几年前不是这样子的，我记得你解决这种问题只用不到一刻钟。"

鲁杰也报以一笑，说："你把你和我混淆了。"他直接补充道："我们部分程序员确实非常出色，但我总不能不停地干扰他们的工作，要他们停工去回答疑难问题和捉拿软件臭虫，这会耽误他们的工作。"

兰尼说："我正在计划开发一个极为清晰、简易的系统，完全不用再有提问、使用手册及屏幕上的说明栏。下星期过来，我给你看，这会真正解决我们现存的所有问题。"

"什么？"鲁杰大感惊讶。

"只是跟你开个玩笑而已。"兰尼大笑着说，"遇到麻烦时，我会开开玩笑，就像现在，这是我们犹太人的传统。顺便说一句，开发一个新的计算机系统，第一次运行便顺顺利利，并不是不可能的。就设计一个非常简单的系统来说，你会有 12% 的机会让它运行顺利，余下的 88% 的机会，它总会出点儿问题来证明软件臭虫是存在的。豪猪有刺，软件有臭虫，这就是人生。"

鲁杰勉强笑笑，对兰尼的幽默感毫无反应，就是冒犯他，也没人愿意这样做。鲁杰喜欢兰尼，每个人都喜欢他，他是个这么重要的人，不能伤害他的感情。

兰尼在功能清单上勾画完毕，递给鲁杰之前，他说："顺便说一句，玛姬要求和我讨论她发给我的一份文件，文件指出，KPI公司要求的功能中，得到我批准的是那么少，所以，不要说我向你们提出太多功能要求。鲁杰，拿着这份清单，记着，我要求新版本中包含所有这些功能。"

鲁杰离开后，兰尼试图思考供应商绩效衡量功能的技术规格，尽管他认为这项功能其实是不需要的。然而，当一家市值60亿美元的公司提出要求时，就连他也只得遵命。他竭尽全力设计新功能，令它不对大局造成实质性的破坏，这个目标极具挑战性。

房门打开了，兰尼仍然埋头工作。

他早就知道，工作忙碌是不足以让他不受骚扰的，他还必须装出很忙的样子。人们总是认为，当兰尼静静地坐着，两眼盯着天花板时，他就不忙了，于是他吸取了教训，现在，他强迫自己改为盯着计算机屏幕，现在大家知道他真的在工作了。但是，这一招也未必管用。

他仍然盯着计算机屏幕，过了几秒，才抬起头。

"兰尼，"鲁杰说，"那个年轻的法国程序员来了，我希望你见见他。"

"我很乐意，但我没时间，今天不行。"

"你上星期就是这么说的。两个月前他被派来参与可承诺量（Available-To-Promise，ATP）模块最新界面设计的工作，我猜想，有人告诉他，他会与你一起工作。"

兰尼只是耸耸肩。

鲁杰又使出另一招，说："他认为ATP模块有一条软件臭虫，他坚持要亲自跟你谈谈。"

"你相信 ATP 模块真的有条软件臭虫吗？"

"是的，事实上，我也认为有软件臭虫，他准备了一份相当详细的案例分析报告，这可是一份很出色的报告啊。"

"那么，问题何在呢？你要是认为这很重要，加到清单里就好了。"

"兰尼，这不是问题所在，这小子真的很出色，尽管有点儿狂热，他对我说，要是见不到你他就回老家，不干了，我担心他真的会这样做。兰尼，他是个非常厉害的小子，我们需要这样的人才。"

"好吧，我见见这个神奇小子吧。"

兰尼跟尚格罗谈了半个多小时，兰尼收到两个电话留言，他明白鲁杰为什么要他和这个小子谈话了，他大有潜质成为明日之星。作为一个程序员，他对软件的使用有深刻的理解，而不是仅沉醉于那些比特、字节和软件功能，更不用说他还发现了一条可以追溯到兰尼身上的软件臭虫。兰尼很欣赏那些可以在他编写的规格明细中找到漏洞的人。

电话铃响了，兰尼还在考虑他刚刚批准改动 ATP 模块可能引发什么后果。

他授权这小子去收拾那条软件臭虫，但现在他倒希望自己没有那么快拍板进行这件事，软件臭虫被收拾了，一整套改动也就必须整合到新版本上，莎朗知道了一定不高兴。电话铃继续响着，他随即拿起听筒，他做错了。

"嘿，兰尼，我是路狄，我们在马泰尔公司将 MAN 软件的数据库转换过来时遇到了麻烦，需要马上修复，马上！我们要先搞好财务模块，但因为这个数据库转换的问题，我们被卡住了。鲁杰答应过会优先编写数据库转换程序，但是不管用。由于数据不对头，当我启动财务模块时，计算机就瘫痪了。这已经是我第三次收到这样的反馈了，一个理应运行良好的数据库转换程序却令我们的计算机瘫痪了。我已经找到了负责的程序员，她叫麦莱莉，是伦敦小组的成员，我给伦敦打了电话，跟她谈过了。兰尼，我看她似乎毫无头绪。"

"路狄，我刚刚和鲁杰谈过此事，再给他们两天时间吧，他们会有办法解决的。"

"我希望你能帮帮她，兰尼。我知道，你正忙于比这个更重要、更光彩的任务，但我们说的是一个大客户，我们成功说服他们放弃 MAN 软件，转投霸软公司的怀抱，你知道我们付出了多少心血才能从竞争对手手中抢来客户吗？我真的很担心，不迅速建立我们软件的公信力，一切希望就会泡汤了。拜托拜托，关注一下这个问题吧。我知道，只要你亲自出马，10 分钟就能清除那个程序的障碍。"

兰尼喜欢锲而不舍的人，但如果纠缠的对象是他，就另当别论了。另外，他也不想用过重的语气令路狄不快，他毕竟是 KPI 公司从拜德尼尔公司挖过来的人。目前正值玛姬到处寻觅出色的顾问之际，兰尼必须礼待这位外援。兰尼不情愿地答应了跟伦敦分部的亚瑟谈谈。

他把门闩好，又把电话插头拔掉。如何让供应商绩效衡量功能融入软件中，他开始有头绪，有个法子可以把它插入进来，而且几乎不用编写任何额外的程序，但需要在多处做小改动。他自已动手做会相当容易，但若由别人来做，要说得清清楚楚就颇为费劲了。

他应该亲自动手吗？不久之后，人们可能发现这不是他们真正需要的东西，就会提出改动，到那时，由于该功能已经成了系统的一部分，没有人会知道应该怎样改，所以，这只不过是自找麻烦。

以前的一切都简单得多，他微笑着回想起当年。简而言之，霸软公司是在怒火中诞生的，史高泰的怒火出于一位教授只给了他的杰作一个 C 级评分。当时的讨论课题名为"未来趋势预测"，曾在多个暑期当兼职程序员的史高泰选择了计算机产业作为他的论文主题。

回溯到 1979 年，计算机产业完全操纵在生产硬件的公司手中，其中的 IBM 公司，是占据着全球市场份额 70%的巨头。还有很多较小型的公司，它们的年销售额大多在几亿美元，而从事计算机程序开发的软件公司很少，规模也很小，当时，市值 1 000 万美元的软件公司就已经很了不起了。

当时出现了两个发展方向，一个方向是微型计算机，其性能可以媲美大型计算机，就在之前一年还要几百万美元才买得到的计算机，而后不用 20 万美元就可以买到了；另一个方向是终端机，它迅速取代了作为与计算机沟通的工具的穿孔卡。两者都是重大的变革，当时几乎没有人预料到它们会冲击硬件公司和软件公司各自的定位，史高泰却预料到了。

他意识到微型计算机和终端机将清除所有主要障碍，令商界得以广泛应用软件。现在小型软件公司也可以买得起计算机了，程序员便可以用跟微型计算机相连的终端机测试程序，每天几十次，而不再是原来的每天最多三四次。史高泰断定，这将开启一扇大门，将很多公司自己开发的程序淘汰，取而代之的是更廉价、更容易维修、威力更大而且适合很多公司使用的大型应用软件。

史高泰估计硬件的价格将继续暴跌，而市场将渴求这些功能强大的大型应用软件。他于是在论文中推论大型应用软件的市场将迅速增长，可惜，他的教授并不认同。

那个时候，懂计算机的人不多，因此史高泰的知音没有多少，而兰尼就是其中的一个。他是数学系的硕士生，每个暑期都在史高泰隔壁的写字间当临时工。

兰尼倾听了他的伟论，并提出一些问题，而他得出的最后结论却颇为惊人。"史高泰，"他说，"连你自己都不相信你所写的东西。"

面对史高泰恼怒的回应，他只淡淡地说："如果你相信你所写的，就不要浪费时间抱怨教授给你的评分了，自己闯一闯吧，成立一家软件公司。"

史高泰筹集了种子基金，兰尼编写程序，史高泰推销，兰尼再根据客户要求修改程序，二十年间，公司从只有两人发展至今天的数千人。

他们当时什么事情都自己动手做，多么快活啊。

他找到一个很好的方法去融合供应商绩效衡量功能，由此带来的兴奋和喜悦很快就被惆怅所取代。因为他发觉，能够让好方法好好发挥的日子已经一去不复返了。只能采用比较笨但不迂回的方法，但这也太麻烦了，因此供应商绩效衡量功能最后还是不能并入新版本中，真令人气馁。

他现在是进退维谷，不仅仅是这件事，手头上的所有事情都是这样，这就是庞大的管理体系的弊病。不过，他不寄望现在就能解决问题，事实上，他根本就不知道问题该怎样解决。

KPI 公司总裁玛姬刚刚发给他一份满载投诉的文件，她今天下午要过来和他讨论这份文件，而他没有什么好消息可以给她。

兰尼看看手表，已经过了两点了，他觉得有点饿。或许他应该到楼下的餐厅填饱肚子，可他担心有人会碰见他，提出各种问题，谈东谈西。不行，还是点些东西送到办公室来好了，来点茶也不错。于是他打了个电话给餐厅，要了鸡肉沙拉和热茶，还有咖啡。还没放下电话听筒，他又想起了对路狄的承诺。

他拨通了伦敦分部的电话，过了很久，才传来一个女人的声音。"麻烦你，我想找亚瑟。"

兰尼希望那边没有其他叫亚瑟的人，他记不起亚瑟的姓氏。

"对不起，亚瑟已经下班了，现在办公室里没人了。"

奇怪，啊，对了，伦敦那边应该已经过晚上七点了。

"我猜你还在办公室吧，请问你是哪位呀？"

"我是麦莱莉，亚瑟那个组的。"

"啊，太好了，我其实正想跟你谈一谈。我知道，你负责的MAN 软件数据库转换程序出了些问题，是吗？"

对方半晌没有回应。

"请问你是哪位？"

"我是兰尼。"

电话那头沉默了。

"麦莱莉，不要紧，我以前也是一个程序员，我只想跟你讨论一下这条软件臭虫的性质。你知道，被派往马泰尔公司工作的人员有点儿紧张，他们对程序编写一窍不通，所以，我想也许我能帮个忙。"

麦莱莉花了些时间才冷静下来跟"大老板"兰尼谈话，谈话期间有人敲兰尼的门，大约 15 分钟后，兰尼成功地在物料清单（Bill of Materials）的数据结构中挖到了软件臭虫的来源。

"这不可能吧！"麦莱莉惊呼，"这段程序我已经检查过 3 遍了。"她突然感到害怕，不应该对兰尼说"不可能"。

"再查一遍，肯定在那儿，所有迹象都证明这一点。"敲门声在继续。

"抱歉，我得走了，麦莱莉，查查看，对于软件臭虫，我的嗅觉很敏锐。"

敲门声更响了，兰尼打开门，他忘了他把门闩上了，秘书和托着盘子的餐厅侍者就站在外面。

"对不起，打断了您的谈话。"

桌子上堆满了东西，兰尼示意侍者可放心地将盘子放在那些文件上。

"您没有多少时间了。"秘书提醒他，"您要在史高泰的办公室见玛姬，会议还有不到 10 分钟就要开始了。"

"好的，我吃一口沙拉就去，我饿肚子的时候容易和人发生争吵，与玛姬争吵可不是什么好主意。"

3 分钟后，兰尼走向史高泰的办公室。

3

可怕的庞然大物

Necessary But

Not Sufficient

同一天（2 月 23 日）

"我们推迟了 7 个月才完工，还没有成功安装销售配置器，可我们仍然拿下了奥斯宝龙公司的合同？"史高泰思索着，然后挖苦地推断，"看来，我们的对手一定太差劲了，我们真幸运。"

他又正经地补充："但我们都知道，其实这跟运气扯不上关系，我们得到了合同，是由于我们的人员夜以继日地工作。我知道奥斯宝龙公司是一个非常苛刻的客户，总是提出很多奇特的要求。但是，玛姬，我们承诺提供的新功能是不是真的推迟了很久才完成呢？"

玛姬回答："老实说，每个功能都推迟了很久，我们的小组当然希望软件臭虫会少一些。不过，重要的是，你们的确写成了程序，而最终我们也成功地令大部分稀奇古怪的功能运行了。"

"这么说，你算满意我们目前的表现了？"

"差得远呢。"玛姬断然否认，"有个大问题，一个正迅速扩大的严重问题。"

"我也有同感。"史高泰同意，"你和鲁杰讨论过吗？"

"经常讨论，他已经尽了力，但他只是软件开发副总，恐怕我们面对的问题，他应付不来。"

"这就是你要和兰尼谈的事情？"

"没错，我们约好在……"她看看手表说，"不到 30 分钟后开会，两天前我给他发了一份分析报告，我们必须尽快找到办法，阻止事情恶化下去。"

"恶化？"史高泰暗自思量着。他知道，如果玛姬指的仅仅是软件中的臭虫，她是不会用上这样强烈的措辞的。

玛姬的生活节奏很快，虽然对待熟人有时候会莽撞一点儿，但她的为人还是挺不错的。她有一头浓密的红发，给人直爽的印象，还有高挑优雅的外表。史高泰记得，她热诚的微笑和亮闪闪的绿眼睛曾经骗到不止一个和她打交道的人，而她其实是个严肃认真的女士，拼劲儿十足，不管遇到什么问题，兰尼和玛姬总能够解决，而史高泰就负责应付其他问题，如争取更高的销售量。他怀疑这不是一个短暂的难题，而是他必须面对的威胁。当然，系统实施时遇到的问题将影响公司业务的方方面面。

史高泰拿定主意，问：“你介不介意将你和兰尼的会议改在我的办公室开？”

“当然不。”

史高泰走到门口说：“马丽，请你问一问兰尼，能不能把他和玛姬的会议改在这里开？”

他回过身，对玛姬说：“趁这段时间，可否多告诉我一点儿关于奥斯宝龙公司那笔交易的情况？”

“好，就继续谈奥斯宝龙公司吧。正如我所说，我们在轻型飞机事业部进行系统的试点实验完成后，终于在上星期向他们的评估小组做了汇报。昨天他们决定不再等 FDP 公司和数据风云公司，而将我们的系统作为全企业的标准。今天早上，我跟他们落实了，下星期一我将和他们见面，并看看两年前我们提交的建议书中各个需要修改的地方。”

史高泰想，就试点实施小组过去两年所遇到的问题及频频出现的延误，难怪营销部认为这笔交易最终能落实的机会不大，甚至到下一季度，机会也不大。

"你们有多大的赚头？"史高泰问玛姬。

"差不多是你们的双倍。"玛姬对他咧嘴一笑，"他们不给我们 9 000 万美元，别想脱身。"

"那么你得在那儿增加 50 人了。"一谈到数字，史高泰的头脑就像计算机一样灵光。他已经计算过了，奥斯宝龙公司这笔交易足可以令他这个季度的销售额完成得漂漂亮亮，他可以等玛姬离开后核对确切数目。

"大约 50 人。"玛姬同意。"我们都准备好了。"

"不知道你们是怎么办到的。"史高泰评论，"我们可以从世界各地招聘程序员，他们甚至不必搬到这里来工作。你知道，现在我们接近一半的程序编写工作是在我们印度的中心完成的，但你们的弹性就小得多了。比如说，应付法国客户，你的员工不仅需要懂法语，还要了解法国文化。"

"对，我的首要任务就是聘请足够的人手，素质要高。你知道我为建构一个猎头网络花了多少钱吗？"

"不知道，多少钱？"

"需要多少钱，就花多少钱。"玛姬非常坚决，"人手问题将会越来越严重，你们倒幸运，合同签完了，客户就不会占用你们很多时间。我却恰恰相反，拿到合同前我的员工跟你们一道干活，合同签了，我还得投入更多人手，而且，接着下来的两三年他们将被困在那里不得脱身。"

"不得脱身，但每天收取 2 000 美元！"史高泰揶揄她。

"这不是重点。"她争辩，"重点是，我们现在的销售额几乎比两年前翻了一番。假设现在刚完成实施的人只有一个，而我需要最少两人投入新的实施项目，我计算过了，纵使你们现在的销售速度保持不变——我知道这个假设不实际——我还得至少聘请……"

"嘿！"兰尼走进史高泰的办公室，加入讨论。

"我最想见的人来了！"玛姬转向他。

"嘿，兰尼，"史高泰和他打了个招呼，"玛姬，你向兰尼开火之前，我们先把刚才的话题了结，好吗？你刚才说今年你们要招新人，要招多少人呢？"

"至少还要招 2 000 人，而麻烦主要来自你，兰尼。"

"我心里舒服多了。"兰尼似乎漫不经心，"我一天到晚被人指责是一个天大的麻烦，现在听见至少有一个人说麻烦不是百分之百来自我，我高兴死了，谢谢你，玛姬。"他对玛姬鞠了一躬，然后坐下来。

玛姬对他笑了笑，问："你收到我的分析报告了吗？"

"收到了，看起来情况不妙啊。"兰尼回答。

"可以让我知道一点儿来龙去脉吗？"史高泰问。

"非常乐意。"兰尼微笑着说，"最头痛的事情，当然乐意跟你分享，玛姬，是你提起的，你说说吧。"

"这跟刚才我们谈论的也有关。"玛姬说，"KPI 公司的人手紧张，长期以来缺乏足够的人才，那么，既然我没有人手可以腾出来，就只好看看如何尽量利用现有的人手了，看看我的发现吧。"

玛姬打开公文包，递了两张纸给史高泰。"第一张纸上的图表显示的是你们的技术支持中心每个月答复问题所需的平均时间。"

图表令人吃惊，两年前，霸软公司回复 KPI 公司的提问，平均需时 3 天，如今已经恶化至接近 10 天了。

"现在来看看下一张图表，这是上个季度你们作答所需的时间。看，有 10% 的问题要超过 3 个星期，真要命！兰尼，史高泰，我们都知道情况不好，但你们知道是这么糟糕吗？"

"不，我们不知道。"史高泰走向他的办公桌，"我听到的是，我们的技术支持中心答复问题所需的时间一直保持在 20 分钟之内，这是指所有问题，其中绝大部分是那些从不阅读操作手册的客户提出的问题。"

他抓住鼠标，单击了几下，然后宣布："答复 KPI 公司提出的问题所需时间就在这儿，跟你的数据不一样。"

他略加思索，说："玛姬，你们是如何定义我们技术支持中心答复问题所需时间的？"

"很简单，当有问题需要你们协助时，我们就记下致电给你们技术支持中心的时间，直至问题完全解决，才把问题作结。"

"这就是差异所在了。"兰尼说，"我们技术支持中心记录的是由收到问题至回答问题的时间，而 KPI 公司记录的是由提出问题至问题解决的时间。"他顿一顿，继续说，"我同意，你们的方法比我们的有意义得多。"

"让我告诉你。"玛姬继续说，"大多数情况下，我们收到的第一个答案是毫无用处的，要花上很长时间才能得到较好的答案。你们接电话的人多是新手，要请教其他人，但是，令人诧异的是，很多时候第二个答案还是没有用，最近有些问题让我们来来回回折腾了 7 趟。"

兰尼没有辩驳。

"因为这个问题我们浪费的时间比任何别的事情都要多，我们可以忍受软件臭虫，只要你们能迅速纠错或至少迅速教我们如何规避问题，但我们要等几个星期才能得到一个像样的解决方法，太离谱了。"玛姬说。

"还会令我们两家公司产生摩擦。"兰尼表示同意。

"而实施被拖延的恶果和对我们两家公司名誉的影响就更不用说了。"玛姬补充道。

"那么，我们应该怎么办？"史高泰问兰尼。

"等一等，我知道这很糟糕，但更精彩的还在后头呢，玛姬，说说下个问题吧。"

玛姬拿起另一张纸，但并没有递给史高泰。

"最近 6 年，软件系统的实施在霸软公司的业务中扮演了越来越重要的角色，按照常理，霸软公司对 KPI 公司提出的要求应该反应越来越积极，尤其是由于我们提出的要求都基于一点——令客户满意你们的软件。"

"事实不是这样吗？"史高泰有点儿吃惊。

"我相信我们得到了优先待遇。"玛姬微笑着回答。

"那么你干吗还扯我的后腿呢？"

"我只是想强调一点，这个图不能代表你们公司对市场的整体反应，只能代表你们对自己优待的系统集成商的反应，所以，可以说整体情况甚至更坏。看看，这就是我们不得不面对的残酷现实。"她把那张纸递给了史高泰。

玛姬解释那个图："6 年前，当 KPI 公司脱离霸软公司自立门户的时候，你们对我们有求必应，我们要求什么新功能，通通都能得到。虽然不一定像我们希望的那么快，但最终一定到手。大约 3 年前，霸软公司采取了新规矩，我们要求的每个新功能都要经过审批，我认为这十分荒谬，你们担心我们提出的要求不是客户要的吗？"

她不让兰尼有机会插嘴，继续说："这点我都不介意了，因为你们可以从图上看到，我们 80%的要求都得到了满足。不错，我们的员工的确曾提出不切实际的要求，但是，看看接下来发生了什么事，情况每况愈下了。"

"史高泰，你知道吗？现在我们得到批准的要求还不到 20%！不到 20%啊！"

玛姬沉默片刻，说："不知道哪个更糟糕，是这个问题，还是刚才那个？"

"都不是。"兰尼说。

他举起手，示意他们不要误会，说："自从收到玛姬的分析报告，我就在思考这件事，问题远比我们想象的严重。"

"你们都知道，全霸软公司只有一个人有权批准新的功能，无论大小，这个人就是我。"

"玛姬，你以为我之所以只批准你们 20%的要求，是因为我认为你们的员工在胡说八道吗？还是我根本不信任他们的判断？还是我其实在疯狂地凸显个人权威？"

"史高泰才不会允许你那样做呢，那么，兰尼，你到底想说什么？"玛姬问。

"我们现在左右为难，不知如何是好。"

他们等兰尼解释，而他却站起来，走开了。他背对着他们，望着窗外。

"兰尼？"

他没有转过身来，说："我不喜欢我得出的结论，为避免受我影响，你们最好也独自思考一下吧。"

史高泰说："玛姬，看来我们有两个选择，我们可以向他逼供，或者试试自己弄个明白，你选哪个？"

玛姬微笑着说："坦白说，我比较想逼供，不过那太费劲了，我们还是试试自己解开谜团好了，从哪儿开始呢？"

"你的分析报告引发兰尼的结论，我看就从这点出发吧。"

"有道理，我的分析报告给兰尼提供了什么新的信息呢？"她想了想说："既然他是负责审批核准新功能的人，我的分析报告不可能在这方面带给他任何新的点子了。"

"正确。"史高泰同意，"但我相信，我们的技术支持中心给你们提供的服务质量如此差，兰尼和我同样感到震惊，超过10%的问题要等3个星期才有答案，这是完全不能接受的。"

"我同意，接下来呢？"玛姬问。

"我们设身处地替兰尼想想。"史高泰提议，"他是决定技术支持中心作业流程的人。事实上，不到一年前，他花了很长时间重组技术支持中心，以兰尼的能力，那次重组似乎不会导致情况恶化。"

"那么是什么引起的呢？"

"玛姬，我想，你击中问题的要害了，你的问题也许正是核心问题。兰尼，喂，兰尼！你认为，令技术支持中心反应过慢的主要原因是什么？拜托，你是唯一真正了解那个部门运作的人啊。"

兰尼很不情愿地回到他们的讨论中来。"这不是很明显吗？"他看看他们俩，抱怨说，"我们的 ERP（Enterprise Resource Planning，企业资源计划）系统变得太复杂了。"

兰尼继续解释，他们逐渐明白过来："我还记得，从前每个程序员都了解所有模块，现在，连我也觉得自己不了解它们了。其实，我甚至认为没有人能完完全全地了解任何一个模块，这个庞然大物已经变得太巨大、太复杂了。"

他的语调紧张起来，继续说道："这产生了无数严重后果。"

他开始列举："设计如何将新功能融入主软件中要花比以前更多的时间。由于程序员对程序结构的理解不全面，他编写的每个功能都可能在别处产生至少 3 条软件臭虫，我们的质量保证开始成为笑柄。"

整个系统包含了那么多条可能的路径，事实上根本不可能一一追踪检查。

"我们在不少问题上花了很长时间才能回答，我不感到惊讶，其实我老早就应该预料到。从前，寻找软件臭虫的根源并把它收拾掉是件很容易的事。如今，软件太复杂了，每个故障都有很多个看似合理的可能解释。但与此同时，就算最好的程序员，也没有能力把检视的范围收窄，只好每个可能性都查一查，这需要时间，大量的时间。"

"所以，不仅软件臭虫多了，"史高泰总结，"收拾每条软件臭虫所需的时间也大大延长了。"

"正是。"兰尼肯定，"看看我们的技术支持中心吧，玛姬。

你说那些接电话的人是新手，我告诉你，他们绝对不是。他们每个人都是经验丰富的程序员，都经过几个月的严格培训，了解我们的系统及其操作方法，他们或许是最了解霸软公司整体情况的人了。"

"我们的人也是。"玛姬插嘴道，"你是对的，培训新人及早进入轨道所需的时间越来越长了。"

兰尼说："正是，KPI 公司的确给员工提供了极好的全面知识，所以，当他们打电话来提问时，所需要的答案很可能尚未包括在我们的技术支持资料库中，而答案只可能在各开发部门中寻找。就算把问题描述得很清楚，也不容易追溯究竟哪部分的程序藏有软件臭虫。正如我所说的，当你找出那部分后，要在当中准确测定软件臭虫的位置并收拾它，仍然需要一番工夫。"

"这就解释了为什么回应紧急问题要那么长的时间。"史高泰得出结论。"兰尼，你认为我们在系统中增加那么多模块是错误的吗？"

"不。"兰尼很有把握地回答，"我们要保持竞争力，就必须扩大系统覆盖的范围。我们确实需要更多模块，模块的多少并不是问题所在，现时的数量我们还应付得来，而模块之间的接口也定得很清楚，这点我会继续确保。问题其实在于每个模块包含太多功能，现在很多模块已经变成可怕的庞然大物了。"他坚决地说，"这些功能就是杀手。"

"这就是你批准新功能时如此小心翼翼的原因了。"史高泰像在下结论，而不是发问。

兰尼点头，说："是的，曾几何时，我确信功能数目迅速增加只是暂时的现象，只要我们有了足够的功能，我们就可以满足客户的任何要求，而我们的系统就会稳定下来。"

"我再也不这样想了，客户的想象力似乎是无止境的。的确，过去一年中，我尽管承受着极大的压力，也只批准了不到一半的新增功能。然而，你们看看绝对数字就会发现，我们实际增加的新功能是前一年的 3 倍，现在，我认为由于我们的系统容易使用及有弹性，所以间接鼓励了客户要求更多量身定做的功能，这种趋势会越来越严重。"

他停顿片刻，叹息道："尽管如此，我还是完全同意玛姬的意见。要是我们只能满足客户 20%的新功能要求的话，我们就无法在业界立足。"

"我们真是左右为难啊。"玛姬表示同意，"为了提升服务至合理水平，我们必须将系统简化，但为了回应市场需求，我们又必须不断将系统复杂化，兰尼，我们该怎么办呢？"

"我不知道，我们的系统变得越好，情况就变得越坏。"史高泰暗自思量，真奇怪，这句话不断在他的脑海中闪现，但他考虑的是销售方面，这两个问题是互相关联的吗？它们究竟是两个不同的问题，还是同一个问题的两面？

玛姬的问题打断他的思路，她问兰尼："你认为问题会在何时大爆发？"

"现在已经大爆发了。"

史高泰评论道："使这一现象不至于影响我们销售额的唯一因素就是，我们的竞争对手也身陷同一困境，而市场仍然认为我们的产品带来的价值比麻烦多。"

"这至少是个安慰。"玛姬说。

"看，玛姬，我可不是魔术师。"兰尼回应，"我绞尽了脑汁寻求解决方案，我提出的，充其量只能暂时延缓问题进一步恶化。"

"你指的是我们计划 6 个月后推出的第 8 版吗？"史高泰问。

"是 8 个月后。"兰尼立刻纠正他，"第 8 版完全重新组织整个系统，使它更容易理解、操作和维护。不过我必须提醒你，按目前事态演变的速度，我看不到一年工夫，我们又会回到今天的老样子。"

"我不再相信有任何技术性的方案可以解决我们的矛盾，现有的技术不行。史高泰，你曾经说服我，任何矛盾都有一个简单而有力的解决方案。你也说过，要找出这个方案，就必须扩大你审视的范围。问题是，我不知道还有什么会比我们整个系统的范围更广、更大。"

史高泰说："兰尼，更广、更大的范围是存在的，计算机系统只不过是游戏的一部分，还有我们的公司、集成商和客户，要找出解决方案，恐怕我们还得看全局。"

"很好，"兰尼说，"这个任务交给你了。"

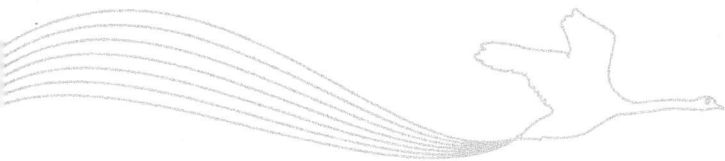

4

鹿太少了，改为猎兔子

Necessary But

Not Sufficient

66 天后（4 月 30 日）

幸好，今天春光明媚，霸软公司市场及销售部副总嘉露四处张望，一天漫长的演示会后，大家都很高兴能到户外走走。

300 个销售人员聚在一起交谈，即使在户外也是惊人的嘈杂，没有什么能令一个销售人员停止说话，当然也不能让另一个销售人员做到了，因为这只会刺激他说得更大声。烤肉的浓烟令嘉露急急跑开，去呼吸点儿新鲜空气。

嘉露从侍者处拿了一杯葡萄酒，不时向左右微笑，她扫视着人群，大家情绪高涨，总之，今天情况大致不错。

可是，史高泰在哪儿呢？人群从宽大的门廊涌出，下了两层台阶，到草地上来，她瞧见来自澳大利亚的小组，他们看上去像要搞什么恶作剧。天啊，时间还早了些吧，她赶紧往别处看。

她看不见史高泰，以他高大的身型，在人群中应该非常显眼，可是……

"嘉露！"她微笑着和薄黎轻轻一拥，他加入霸软公司已经有些日子了，她真的喜欢他，他这类人是最好的工作伙伴。

"今天的讨论真不错，兰尼怎么没早点儿推出这个了不起的系统架构呢？"他眨着眼睛揶揄道。

有人碰碰她的胳膊："嘉露，让我来介绍辛恩。"

"卡莱，见到你真好。"她记不起辛恩是谁。

"你好。"她微笑着和辛恩握手，微笑很容易，而他调皮的爱尔兰式露齿一笑的回应倒是蛮有感染力的。"嘉露小姐。"他点头道，"我深感荣幸。"

"实在太棒了！"薄黎插嘴，"我们工作得多么卖力，又是出差，又是业界展览会，又要和竞争对手比拼，又得出尽法宝取悦客户，我来这个内部会议是准备发牢骚的……但兰尼在此刻推出了这样一个魔术般的演示，于是……我只能再说一遍，我拥戴霸软公司！"

那个爱尔兰人点头说："说真的，我们的竞争对手望尘莫及。"

人们渐渐在烧烤炉旁排起队来，嘉露感到肩膀被人用力一按，这感觉如此熟悉，她转过身来。

"舞会皇后感觉如何？"史高泰向她打招呼。

"史高泰，我刚才还在找你呢。"她说。

"我受宠若惊啊。"他咧嘴一笑。

"你注意到大家对兰尼的演示有何反应吗？"嘉露问。

"注意到了，我必须承认，反应对我来说过于热烈了。"

"我早该知道这种事情不会逃过你的眼睛，你也猜得出为何人人都如此热心吗？"

"还未弄清楚。"史高泰承认，"什么时候可以谈谈？"

"明天大清早，怎么样？"

史高泰说："你忘了吧，明天早餐会上我还得对这里的销售队伍演讲呢。"他不时向前往自助餐台的人点头、微笑。

"史高泰，这件事不仅重要，而且非常紧急，我们必须一早碰面谈谈。"她的语调跟她欢快的表情不相称。他感到有点儿意外，看着她说："那好吧，7点好吗？嘿，根达，很高兴见到你。"

他们各自走开，做自己该做的事，应酬该应酬的人。

现在嘉露必须说服兰尼出席这个清晨会议，这不会太难，她清楚用什么方法最有效，但首先她得找到他，她朝最近的一大群人走过去。

史高泰打开门，问："是送餐服务吗？"啊，对了，嘉露大概为他们叫了咖啡，但是为什么那么多杯呢？还未签收，兰尼就到了。

"这儿有茶吗？"他问。

他们瞟了一眼托盘，有茶。

兰尼给自己倒了一杯茶，又去取咖啡壶。"史高泰，我不能提前推出第 8 版。"

"谁要你提前？"

"这不就是今天开会的目的吗？"

史高泰已开始明白是怎么一回事了，他简洁地回答："还是等我们的外交家到来再说吧。"

好像约好了似的，有人就在这一刻敲门，史高泰打开门。

"早上好。"嘉露一边走进来，一边与他们打招呼。

"早上好。"兰尼直截了当地说，"嘉露，在你开始之前，我想明确说明一件事，这回我不会屈服于任何压力了，第 8 版的推出日期确定在 10 月 1 日，不管你提出任何理由都不会改变。"

"我只不过想请你听我说说。"

"免了，嘉露。"兰尼下定了决心，说，"这回你听我的，你知道第 8 版是关于什么的吗？"他问了一个纯修辞性的问题："这个版本中每个模块的内部结构都改动了，整个系统的结构都变了。"

"是的，兰尼，我洗耳恭听了你昨天讲的一切，每句话我都喜欢。"

"你还是没在听我说。"兰尼开始着急了，"你可知道这样的改动会产生多少条软件臭虫？嘉露，这个版本跟我们以前的完全不同，这不只是编写一堆新的程序，而是复杂得多了。我们要仔细检查几乎每个程序，做出很多微小但很重要的改动，就像脑部大手术，如果我们不投入足够的时间彻底保证质量，我们推出的将不但是一个布满臭虫的系统，而且是一个大灾难。"

"我明白。"嘉露平静地说。

史高泰审视着她，试探地问："你明白，但你仍然希望提前推出第 8 版？"

"正确。"嘉露坚定地说，"我们需要这个版本，不能迟于 7 月 1 日。"

"什么？"兰尼几乎跳起来。

史高泰按着他的肩膀，说："冷静下来，兰尼，嘉露不会提出如此反常的要求的，除非她有令人担忧的理由。"

嘉露望着兰尼说："'令人担忧'倒是个恰当的形容词。"

"那理由是什么呢？"兰尼的语调平静了一些，但仍然充满攻击性。

嘉露转向史高泰，说："上季度我实在担心不能达到预估的销售额，这是多年以来头一次。"

"我告诉过你，奥斯宝龙公司的交易应该可以落实的。"史高泰插嘴。

"对，幸好真的落实了，但你知道这太岌岌可危了，完全没有后备以防万一，这是第一次。"

史高泰点点头。

嘉露说："嗯，看来本季度我们的成绩会比上季度差很多。就目前来看，我们的销售额将低于预估达 1 亿美元，我不知道有何办法达到销售目标，除了做我们俩最不愿意做的事情——做出巨大让步，以推动交易。"

"情况的确恶劣。"史高泰说。

"十分恶劣。"嘉露同意，"这会使我们下个季度达到销售额预估的希望泡汤。"

"那么严重？"兰尼显然感到有点儿意外。

"是的。"史高泰肯定地说，"我们的客源越来越少了，把大交易提前，就等于制造一个很大的洞，要未来的季度填补。"

"我们的客源怎么会如此不济呢？"兰尼问。

史高泰和嘉露面面相觑，却都不回答。

这惹得兰尼更加紧张了。"我们连在市场上的地位也输了吗？输给谁了？"

"我们没有输给任何人。"嘉露回答。

"那到底是怎么一回事？我们怎么会一下子陷入这样的危机呢？"兰尼心烦意乱，以尖刻的语气问嘉露，"你能回答我吗？"

嘉露还没开口，史高泰便以平和的语气插嘴："兰尼，这个问题和我们的营销和销售部门无关，他们干得很出色，责怪他人绝非解决问题之道。"

"你说得对。"兰尼承认，他喝完了那杯咖啡，又拿起茶杯，身体向后靠。"正如俚语所说，当你身陷坑洞时，就别再挖了。"他开玩笑地说。"现在我已经冷静些了，能否让我听听到底是怎么一回事吗？"

"这是我们早该预料到的。"史高泰开始解释，"很惭愧，大难临头之前，我竟然毫无察觉。"

"也许你应该更谨慎一些。"兰尼取笑他。

"那正是我一直提醒自己的。"史高泰微笑以对。

"你们能不能用一句话把答案说出来？"兰尼想令史高泰知道他是多么急于了解事情原委。

"森林里剩下来可供我们捕猎的鹿不多了。"

兰尼表情困惑。"好吧，你们俩，随便你们用多少句话，给我解释清楚吧。"

嘉露望着史高泰，史高泰示意他将解释。

"正如你所知，我们收入的 85%以上来自那些年销售额超过 10 亿美元的大公司，而这些公司的数目是有限的。"

兰尼的表情显出他开始明白了，他问："这些公司有多少已经买了 ERP 系统？"

"80%以上。"

"这么多？那么，你是在告诉我，我们的主要市场已经趋于饱和了？"

"正是。"史高泰肯定地说。

嘉露似乎并不同意他的说法，但她尚未开口，兰尼就提出建议：“如果鹿太少了，那么我们改为猎兔子吧，中型企业的市场远远大于大型企业的市场。”

“没错。”史高泰认同，“中型的，也就是那些年销售额超过1亿美元的公司，其市场比大型企业的市场要起码大10倍。”他看到嘉露很不自在的样子，继续说：“但是这其中有一些问题，嘉露？”

“称之为‘一些问题’未免太过于轻描淡写了吧。”嘉露鼻息微颤，以示不同意。

“在中型市场销售，我们有点儿经验，要是你以为这会比推销给年销售额达5亿美元的公司容易，那你就要清醒清醒了。我们需要花的推销时间同样长，6～18个月，所花费的精力也几乎相等，唯一的区别在于我们最后收到的钱，那简直是天壤之别。”

“你们知道，从中型客户那里拿4亿美元的订单需要多大工夫吗？每个季度我们将必须与大约300家公司达成交易，我没有这么多人手。”

“可是，最终我们将不得不走这条路。”史高泰说。

“最终也许是，但不是现在。”嘉露果断地说，“现时我们没有一支足够大的销售队伍，但更重要的是，我们没有时间。”

史高泰和兰尼面面相觑。为了强调最后一点，嘉露说：“麻烦已经到了门口，也许这个季度我们还能蒙混过关，但指望下个季度的中型企业市场业绩能增长3倍，那是不现实的，完全不现实。”

“那么，你有什么建议？”史高泰问。

“你说大型企业的市场已经饱和，我不同意，起码再过一年还不会。我不是指那些为数不少而又未买 ERP 系统的公司，我是指两个主要市场，一个是我们自己的客户，不要忘记，他们买了我们的系统，并不意味着我们不能在他们身上取得更多大生意。"

"你是指添加的模块？"兰尼问。

"不是，你也知道，我们的价格是基于软件用户数的，对我们很多客户来说，这个数字低得可怜。以薛拔工业为例，这家公司有超过 15 万名员工，却仅有 6 000 个系统用户。我认为我们可以加把劲儿，提高我们系统的使用程度。"

"这可不是件容易的事。"史高泰评论。

"我们这一行，没有一件事是容易的。"兰尼回答。"我们是靠克服困难起家的。"

"对，而我们的开发部也可以克服困难，在 3 个月内把第 8 版完成。"嘉露抓着话题发难。

"你别妄想了。"兰尼直接地说。

"嘉露，你还没有告诉我们，为什么要提前推出呢？"史高泰提醒她。

"现在还有一个大好机遇。"嘉露开始解释，"你们知道，很多 ERP 系统在实施上都陷入了泥沼，搞了四年仍然没实施成功，绝不稀奇。可以想象，处于这种困境的公司会何等不满，威胁提出诉讼之声也时有传出。"

"你称这个为机遇？"兰尼问。

"绝对是。"嘉露信心十足地宣称，"年初起，我们就开始搜集那些厌倦和不满其 ERP 供应商的公司，到目前为止我们已经锁定了十多家有可能转换供应商的公司，我们需要非常有力的游说，令他们相信，跟我们合作绝不会有同样的下场。而兰尼，我们已经听了这样一场解说，就在昨天，你的那场。"

"这就是你的销售人员听完兰尼的演示后如此欢欣鼓舞的原因吧。"史高泰确认。

"一点儿没错，每个在外面跑的销售人员都知道，战场已经不同了，战争已经不再是关于系统的选项和构造这类东西，而是关于实施的速度及安装是否简易。而这正是兰尼那场解说的精粹，不是光说说，而是证明了我们的系统五脏俱全，但仍然简单，说明了这一切是如何做到的。很有说服力，漂亮极了，这正是我们所需要的。"

"9 月以前还是完成不了第 8 版。"兰尼试图在嘉露头上泼冷水，可这不起作用。

"兰尼，你曾经创造过奇迹，我相信你行。"史高泰把手按在兰尼肩上，不让他发言，史高泰问嘉露："假设第 8 版现在就在我们手中，你认为你在何时能带来更多生意呢？"

"两到三个月内，我可以再拿下 1 亿美元，可能更多。鱼儿已在水中，鱼儿很焦急，我们需要的只是好的鱼饵，就是这样。"

史高泰的手还没有离开兰尼的肩膀，他继续说："那如果我们宣布准备在 7 月 1 日开始接受第二阶段测试呢？"

嘉露答："就定为 6 月 1 日吧，可以帮那些最急切的公司一把。事实上，这对我们这个季度的销售数字也有帮助。但是，史高泰，这不能解决真正的矛盾，我刚才提到的那些有可能转换供应商的公司根本不会考虑参与测试的，他们经历的测试已经够多了，他们要的是更实在的东西。"

史高泰转向兰尼，问："大部分程序已经写好了，是吗？"

兰尼知道这一仗是输定了，但他仍然不放弃，说："是的，但那不是关键所在，质量保证才是关键。"

"如果你亲自到印度监督工作，那又如何？"

兰尼的表情怪怪的，好像快要呕吐一样。

"兰尼，这是我们唯一的选择。"史高泰以他深沉的声音说。

"否则，我们就会一季接着一季无法达到预估销售额，你知道那意味着什么。嘉露说得对，9 月太迟了，我们不能迟于 7 月推出第 8 版，6 月最好，而我们必须向全体销售人员宣布，今天就宣布，我们得争分夺秒。"

兰尼看上去病恹恹的，但他勉强咕哝着："印度，我来也。"

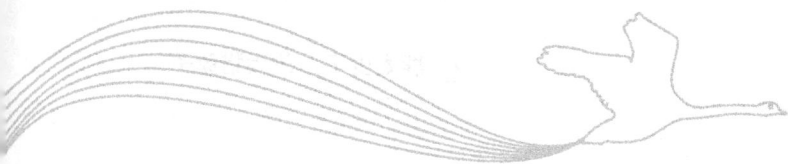

5

一定要懂第三种语言

Necessary But

Not Sufficient

8 星期后（6 月 25 日）

玛姬是头一批登上头等舱的乘客之一，趁史高泰还没来，她看了看她离开公司前实施小组交来的资料。

玛姬的项目经理佐治在报告中说，实施项目时遇到了一些小麻烦，并没有什么严重问题需要他亲身出马解释。项目的进展良好，没有超支，不可能出错了。与此相比，另外有些项目，尚未完成实施，所花掉的时间和金钱已经是预算的双倍了，这个项目可以说成功在望！玛姬亲自任命佐治负责这项特别的任务，因为这是她和史高泰亲自出马达成的交易，佐治跟她一起工作的时间比其他顾问都长，他丰富的经验使他成为一名出色的顾问。

一次成功的系统实施一定会为她和史高泰赢得更多商机。如果获得一家有名望大公司的推荐，必将有助于他们向《财富》杂志 1 000 强名单上的其他公司推销。

正如她所料，史高泰刚好在关机门前登机。

飞机到了巡航的高度，引擎转静了。他们俩开始谈论昨天柯雷打给她的那个莫名其妙的电话。柯雷是皮亚高公司的总裁，也是他们最大的客户之一，他的求助那么紧急，以致他们两人都要取消一切约会，搭乘今天早上首班飞机飞往他的公司去。柯雷在电话中没有谈及任何细节，但他们都晓得，那么急迫的要求多半不会是什么好消息。

"关于皮亚高公司的实施项目，你手下的人跟你怎样说了？"玛姬开始交换资料，"有多少软件臭虫和模块功能尚未完成处理呢？"

"柯雷把我们叫来，不会是为了软件上的小毛病的。"史高泰不理她的问题，又半开玩笑地补充，"那么，一定和你的项目小组有关，你们是不是乱收费来着？我的意思是，高于你平常的收费。"

玛姬笑笑，马上回答："上一次系统升级，包含了你答应皮亚高公司的那么多东西，的确令我们感到吃力，但我们还是及时把系统安装好，令皮亚高公司的会议室测试可以如期在上个月进行。你大概会以为，系统迟了 3 个月才推出，用起来就不会遇到任何问题了，其实，我们拼命加班加点，就是为了对付我们一开始使用你们的软件时就遇上的臭虫，我们还没要求你们付加班费呢。

"现在想起来，我应该开一张发票给你，追讨这些费用。"玛姬开玩笑地说。

乘务员打断他们的谈话："请问你们，早餐要麦片粥还是煎蛋卷？"

"麦片粥加黑咖啡。"玛姬回答。

越来越多及越来越复杂的项目需要她频频出差，紧张忙碌的生活开始使她的腰围数字上升，她要从现在开始当心点儿，否则她那些昂贵的套装就没有一件合身了。6 年前，当她晋升为霸软公司系统实施事业部主管时，她学会了在华贵的新衣上挥霍，那是在 KPI 分拆开来成为一家独立公司之前。那时候，那些新衣其实并不是她所能负担的，但要成为成功人士，首先看起来得像一个成功人士，而这是需要长期投资的，但逛街购物仍然不是她所好，现在，玛姬很高兴有人替她管理这方面的事情了。

"说真的，史高泰，"她重拾话题，"谢天谢地，多亏了兰尼，要不是他，我想那个系统到现在还无法运行，我也不得不亲自向他施加压力，因为我知道，当他亲自出马时，一切就会办妥了。

我知道，他忙于第 8 版的开发，真可惜，你们其他的程序员没有了他就搞不定。要是他们能搞定的话，软件首次运行就应该顺顺利利了。"

"没有人能比得上兰尼。"史高泰直接说，"而我不相信柯雷找我们是为了讨论会议室模块或最新版本等这类琐事，一定是出了什么严重的问题，也许是你们某个大胆的顾问得罪了柯雷的员工啦？"

玛姬摇摇头，说："KPI 公司的人非常专业，绝不会这样做，如果我直接从大学聘请一批毛孩子，就有可能经历一段困难的适应期，直至他们学懂在商业世界里应有的操守，幸好我的手下全是富有经验的专业人士。"她朝他咧嘴一笑，说："另外，我查过了，肯定不是这回事。"

玛姬继续说："柯雷从不在电话中那么唐突，他通常会先谈谈他的高尔夫球赛，谈谈他的太太和孩子们，但这次他开门见山，提出要我们两个亲自去见他，他真的让我摸不着头脑。"

看来是没办法解开皮亚高公司之行的疑团了，他们都打开了自己的笔记本电脑，飞机旅行的一个好处就是让你可以处理积压的电子邮件。

司机在机场出口迎接他们，很快他们便离开机场，在去皮亚高公司的道路上飞驰。抵达后，柯雷的秘书陪同他们到他的办公室，柯雷立即从他巨大的办公桌后起身相迎，并吩咐秘书截住所有电话，他不希望任何人打扰。

柯雷是个大块头，和玛姬握手时，她的手在他手中完全消失了。玛姬在他面前从来没有轻松自然的感觉，他的衣着永远是那么光鲜、讲究，简直就像从《GQ》男士杂志中走出来的人物，掌控一切。虽然他脸上带着点儿笑意，但玛姬对他很了解，知道他今天的心情是绷紧的。

"见到你真是太好了，玛姬，旅程怎么样？"

他转身又对史高泰说："好久不见了，老家伙，生意如何？我在杂志上经常看到你的名字呢，请坐。"他们坐下来，柯雷却没有坐，他开始在办公室中来回踱步。

"两位大概都在猜测，我为什么这么匆忙把你们请来，我很感谢两位能够取消所有约会，这么快地来到这里，我需要你们的帮助。"

玛姬微笑着回答："我得承认，我们摸不着头脑。"

柯雷点点头，说："嗯，是这样的，昨天我们开了董事会会议，说会议开得有点儿不愉快是说得太轻了，我从来没有被攻击得这么厉害过，而且是毫无道理的攻击。"

对史高泰和玛姬来说，这仍然解不开他俩为何到这里来的谜团，柯雷可不是那种博取同情的人。

"董事会来了个新董事。"柯雷继续说，"一个激进的年轻人，他大概认为要给人留下深刻印象就得制造事端。于是他选择了你们的项目作为攻击目标，在上上次的董事会会议上，他提出了很多实施 ERP 而严重超支的公司所担心的问题。他引用了一份调查报告，逐个细数各公司超支了多少亿美元，我向他保证，我们公司不会是其中之一，并说我将在下一次会议，也就是昨天，向大家报告详细资料。"

玛姬插话说："那应该是一个简短的讲解吧，因为项目进展良好，又没有超支。"

"你说得对极了，但实际上，"柯雷眨了眨眼睛说，"简报并不是那么短，因为这个项目，托你们的福，进行得如此顺利，我想炫耀一下。嘿，那只鼬鼠让我介绍所有细节，当我说完，他就扔出炸弹了，他用他那刺耳的嗓音只问了一个问题，一个一直在我脑海里嗡嗡作响的问题。"

"他的原话是：'你已经投资了 3.2 亿美元在这个项目上，你可否展示给我们看看，这些钱换来了什么？'"

柯雷停了下来，房间里一阵尴尬的沉默，他深深吸了一口气，继续说："所有董事都望着我，等我回答，好像他们跟这个项目毫无关系似的，好像忘记了是他们催促我搞这个项目及批准项目的，我被抛弃在那儿，呆呆地不知如何作答。"

他的语气变得硬朗了："我请你们来，是因为我仍然找不到答案。"柯雷强调这点，用他的大手掌在桌上一拍，声音异常响亮。

"我不明白。"玛姬一脸困惑，"这到底是什么问题呢？这个项目从一开始就有充分的价值认证（Justification）。我想，你们后来添加的东西正好增强了价值认证，是这样吧？"

"玛姬，现在的大题目是'要展示些什么给他们看'，而在场的每个人都把它理解为'这让我们多赚了多少钱'。要以金钱计算，这样一来，我们漂亮的价值认证依据绝大部分就要自动消失了。"

"我还是不明白。"玛姬坚持，她转向史高泰，"你呢？"

"我不肯定。"史高泰承认。

"你们瞧。"柯雷说，"我举个例子，在你们协助我们撰写的价值认证报告书上，有一项效益是提高公司运作的透明度。"

玛姬插嘴说："我肯定当董事会批准该项目时，'提高公司运作的透明度'是一个很有力的论点。"

"没错。"柯雷确认，"但那又如何？"

"我有点儿怀疑。"史高泰说，"这次董事会会议并不是个合适的场合来探讨运作透明度到底会带来什么，你要在会议上演示整个数据流程，计算机系统如何整合，订单从一个销售中心输入后，怎样……"

柯雷没有让他说完。"史高泰，"他冷冷地说，"你也是个总裁。"

当他肯定史高泰已全神贯注时，就继续说："如果你公司的董事问你关于公司盈利的变化，而你的回应是大谈数据流程及系统整合，你认为将会发生什么事？"

史高泰不安地笑笑，说："我的头会被割下来，放在银盘子上，端上来给我喽。"他承认。

"是不是还咬住一个苹果呢？"柯雷问。

"你们别开玩笑了。"玛姬不耐烦地打断他们，"当然，在董事会会议的场合，你不能用系统配置和计算机屏幕选项等技术性名词来解说，但这并不意味着提高公司运作的透明度就是空话。柯雷，你为什么不给他们一个实例呢，一些与他们有关、让他们关心的事？。"

"比如什么？"

"比如缩短完成季度财务报表所需的时间。"玛姬回答，"财务总监最头痛的问题之一，就是在一个季度结束之后尽早出财务报表，每家大公司都如此，你们公司也不例外。"

"自从我们两个季度前在你们公司推出了会计模块后，你们可以看到，所有经理获得更佳的财务信息，财务结算周期大大地缩短了，以往 45 天才完成的事情，现在只需大约 10 天，至于准备那些报表所需的人力和物力成本，就更不用说了。"

"好点子。"史高泰说，"我公司的董事也不会满意在季度结束后一个半月才看到业绩数字。"

柯雷表示同意。"你应该听听他们首次在季后两星期就收到报表时的评语，他们开心极了。"

"所以呢？"玛姬催促他。

"所以，我当然提出了这个强有力的论点，但那只鼬鼠追问：'这对公司的盈利有什么帮助？'然后那群小鸡就只懂点头。"

"我明白了。"史高泰说，"大家都希望尽快看到业绩数字，但我们都说不出缩短结算时间可以令公司多赚多少钱。"

"一点儿没错。"柯雷说，"大部分价值认证中的条目都是这类东西，人人都赞同有用，但当被追问真正的好处并以金钱来计算时，就哑口无言了。你们明白我的苦恼吗？我现在已经被逼进一个死角了。"

"但的确有盈利上的效益啊。"玛姬绝不罢休，"准备那些报表所需的成本大大地减少了呀。"

"真的吗？"柯雷问。

"当然啦。"玛姬翻弄着文件说。

"比如说处理一笔交易所需的成本，根据你们的数字，每笔成本是 12.7 美分，安装 ERP 系统之后，仅仅需要 3.2 美分，每笔交易实际节省近 10 美分，用每个季度需要处理的交易的总量乘以这个数就是节省的成本，很多个百万美元呀。"

柯雷停下脚步，看着她，叹了口气问："你们引用的这些多少美元或多少美分，根据是什么？"

"根据你们的数字呀。"玛姬回答。

"是，这个我知道，但你没看到吗，这些数字是基于我们那个很棒的 ERP 系统现在令我们的人员花少一点儿时间处理那些交易？"

"没错，这就是使用我们的 ERP 系统所节省的。"

柯雷摇摇头，说："没有省了什么钱，的确，处理每笔交易的时间缩短了，但仍然需要同样数目的人手。"

"怎么会呢？"

"因为我们并没有解雇任何人，玛姬，这是事实，财务部员工一个也没有少。"

他苦涩地继续说："这些财务人员非常善于到处要求人家削减成本，可当算到财务部头上时，他们更善于保护自己人，我们没省什么钱，我们付出的工资没有变呀。"

玛姬没有回答，他继续说："不要把成本会计的名词，如每笔交易或每个项目节省多少，和真正的成本削减混为一谈，员工没有减少，成本就没有真正削减，公司的盈利就没有增加。"

玛姬觉得两颊发烫。

史高泰试图做总结："信息流通是顺畅了，连董事会也感受到了，然而，你还是无法把那些改善化为盈利，这是一方面；另一方面，加快员工的日常工作是好事，但如果人手没有减少的话，盈利也就没有增加。"

"你切中要害了。"柯雷同意,他又开始踱步,"减少人手?我们看到的刚好相反,在这儿进进出出的技术人员比以往更多,我们不得不在停车场准备一些班车来接送这些人。那只鼬鼠前来出席董事会会议时,一定看到了,也许这正是他提出这个问题的原因。"

柯雷停下来,看着两人说:"显然这不是我们在电话里能够谈得清的事,需要你们亲自来到这里。我需要你们的帮助,找出盈利的改善到底在何处,我们一定要找出具说服力的说法。"

过了一刻,他补充道:"我需要尽快!"

玛姬听见史高泰在开腔前深深地吸了一口气,她乐于看见他施予援手。玛姬对于当前这个场面忐忑不安,她也曾面对过其他不满的客户,可那是为了别的原因。客户担心项目的进度是很平常的,当项目超支或延误时,她也会被召见,被要求亲自解释,但这从来没有在项目进展良好、没超支的情况下发生。

这个项目进行得如此顺利,但柯雷还是碰上了真正的难题,一个大难题。而如果柯雷有麻烦的话,他俩也有。史高泰说:"我们都知道,班车是为临时员工准备的,项目结束后他们就会离开。"

"这个我知道,董事会也知道。"柯雷回答,"但当口号是增加盈利,而人家要见血时,什么小事都可以借题发挥了。"

"情况真的这样坏吗?"史高泰同情地问。

"基本上是。"柯雷终于坐下来了。

"让我们回到更高透明度这个问题吧。"史高泰信心十足地说，"我同意玛姬的说法，这的确是有效益的。柯雷，不要说提前那么多时间得到财务报表没有效益，的确有的。"

他抬起手阻止柯雷发表意见。"我也同意你的说法，很难算出效益是多少，所以，我建议看看受高透明度影响的其他因素，也许在那儿能找到线索将盈利联系上。"

"我同意。"柯雷说，过了一刻，他问："比如什么呢？"

"比如说，分别来自几十个区域仓库的销售数据，现在可以快而准地传送到工厂去。"

"这个例子好极了！"玛姬忍不住插嘴说，"过去，一个区域仓库卖出一件产品之后，工厂需要多少时间才收到这个信息？首先，所有区域仓库只会每个星期向它们的州分部发送销售资料一次；然后，各州分部将数据汇集，转送总部；然后总部的专家会分析这些数据；最后发给各工厂一份最新的生产预估；如果我没猜错的话，从区域仓库卖出产品直至工厂收到相关的生产预估，需要多少时间，三个星期吗？"

"如果我们运气好的话。"柯雷同意。

"现在，"玛姬继续说，"已经有三个事业部实施了软件，这些工厂可以当天便收到销售信息。"

"那么对盈利的影响呢？"柯雷没有忘记他的焦点。

"别忙，请稍等。"史高泰继续说，"让我们试着根据对你们公司运作的理解，摸索出这对盈利到底有何影响。有了我们的ERP 系统，工厂能够当天就知道每种产品在全球每个配销中心（Distribution Center）的销售量，即比以前提前了三个星期知道各配销中心的销售数据。这意味着，工厂能够提前三个星期知道自己要生产多少，这不仅改善了生产预估，它们现在还可以根据市场的实际需求安排生产。"

"有道理。"柯雷说，玛姬也点头同意。

"那么，将工厂至配销中心的反应时间减少了三个星期，怎样从中计算出对盈利的影响呢？"

没有人回答。

"来吧，两位。"史高泰有点儿不耐烦，"你们一辈子都在这个行业里，别跟我说，我承受那么多压力开发的系统，能改善预估及缩短完工时间（Lead Time）的系统，是没有用的，一定对盈利有影响。"

"工厂反应快了，这意味着——"柯雷喃喃自语，"运送更多适当的产品到正确的地方。"

他的表情开朗起来了。"这就是说，仓库出现产品短缺的情况会少了。史高泰，你们真幸运，你们卖的不是日常用品，我们卖的却是，所以，几乎每次配销中心无法向客户供应所需产品时，生意就被竞争对手抢走了。"

柯雷信心十足地总结："减少配销中心缺货现象，就会提高销售量，而更多的销售量就代表更高的收入，这是真正的盈利！"

"这不是唯一的好处。"玛姬补充道，"工厂即时得到销售信息，还意味着工厂能减少把错误的产品运送至错误的地方。"

"好点子。"柯雷说，"这也表示仓库不会有那么多不需要的库存。"

"仓库没有那么多不需要的库存，"玛姬停不下来了，"也影响盈利，影响很大。柯雷，皮亚高公司在各仓库有多少库存？"

"超过 20 亿美元，如果你问我，我会说，绝大部分是在错误的地方存放错误的库存，因此，如果我们的 ERP 系统能够令库存减少，就说 20%吧，仅仅这一项我就有了盈利证据了。"他转向对讲机，却突然停下来，"玛姬，你有没有数据证明库存的确减少了？"

玛姬翻看着文件，柯雷和史高泰都默不作声。

过了一会，她说："在 6 个月前开始使用'订单输入模块'的事业部，报告说减少了 1 800 万美元的库存。另外两个事业部，上个季度才开始使用该模块，减少了不到 100 万美元。"

"不到 100 万美元就是微不足道。"柯雷摇摇手说，"那只是皮毛而已，但 1 800 万美元倒是个好开始，销售增长怎么样呢？你有这方面的数据吗？"

"我手上没有。此外，我们并不是所有数据都有，别忘了，我们还处于起步阶段，两个事业部刚刚开始，另外三个要在两个月后才正式启用订单输入模块。"

"我知道，我知道。"柯雷焦急地说，"我们可以从已经使用该系统一段时间的事业部所取得的成绩做可靠的推算吧？"柯雷半说半问。

"我认为是可以的。"玛姬回答，"我们应该试试看，我可以马上组织评估小组进行。"

她瞟了史高泰一眼，以确定他同意她的做法。"我们可以给你一份完整的报告，指出预期会有改进的范畴，以及预期的成本削减会在何时达到。"

"你们可否集中于所有对盈利的影响，而不光是成本削减？"

柯雷问道。

"当然，我可以在 30 天后给你准备好，可以吗？"

柯雷摇摇头，但他开始笑了起来。"实际上，要是前天到手，就更好了。情况是这样的，我们的下一次董事会会议将在由昨天算起的一个月后举行，会议前我需要几天时间仔细看你的报告，就定为 7 月 17 日吧，来得及吗？"

玛姬意识到这是一个很好的跟进机会，她信心十足地微笑着，柔声说："当然，完全没有问题，你要我把这个视作现有合同的改动项目，还是另签一个新合同？"

路上玛姬和史高泰一直都沉默不语，直至他们驶上了高速公路。

玛姬深深地叹了口气，说："比我预料的要顺利。"

史高泰自得其乐，低声地哼着曲子。玛姬没有得到他的回应，兴致勃勃地继续说："我们现在处于最佳位置，在我们面前的是一家大公司的总裁，而我们正救他于危难，一旦我提供了他需要的炮药，即令人吃惊的盈利价值认证，他就欠我们一个情，是一个人情，不愁他不推荐我们了！"

她肯定地补充："这个系统实施项目将准时、按预算完成，我不介意公司为此而要承担成本差额。最终，我们将得到一份极佳的推荐书，而且由这位总裁亲自推荐，太棒了，你觉得怎么样？"

史高泰仍在哼着曲子，玛姬不介意，虽然她知道这表示他几乎没听到她刚才说的话。多年的合作，令她了解当史高泰哼曲子的时候，他是正在考虑某件事情，非常重要的事情，没关系，等他想好了，他会说的。

不，这可不行，不到半小时，他们就要到达机场了，而她不会和史高泰一起飞回去，她得搭乘飞机飞往洛杉矶。

"说来听听。"她催促他。

"我只是在想……"史高泰欲言又止。

"嗯？"

他朝窗外望。

"史高泰！"玛姬坚持。

"我认为我们刚刚得到了拼图游戏中主要的一块。"

"你指的是……"

"长期以来，我一直在思考，为什么向中型企业销售的难度几乎等同于向大型企业销售，而成功的机会却更小。本不应该如此，中型企业要做出决定应该容易得多，它们有较少的经理、管理层、委员会，但是，仍然需要那么长的时间才能达成交易，要6～18个月。"

"这是事实。"玛姬说。

"没错，但是为什么呢？"

"你有答案吗？"

"我不确定。"史高泰终于望向她，说，"我还在消化今天发生的事，你有没有注意到，当柯雷要求价值认证时，我的第一个反应是以计算机系统的技术层面作答。我本能地以系统配置和数据流程做思考和论述，可他给了我当头一棒，要我用他的语言表达，要我针对他的忧虑。"

"这个说法很贴切。"玛姬的话犹如往他的伤口上撒盐。

"玛姬，听好，这很重要，你不明白吗？如果说我犯了这样一个错误，那么我的手下当然也会犯同样的错误，因为他们更不懂以最高领导层的角度看问题。我们用自己的语言表达，即计算机系统的语言，而不是客户的语言，这违反了谨慎销售最基本的规则。"

"你是刚刚才注意到这个问题吗？"玛姬感到惊讶，"你以为我的下属的主要职责是什么？他们其实是你们的系统和客户之间的翻译员，彻底了解你们的计算机系统对我们很重要。"玛姬说，"但同样重要的是，要知道如何用客户的语言跟他们沟通，如降低成本、改善生产力、缩短完工时间等这一整套行内话。"

史高泰思索片刻，说："不，玛姬，的确，你的员工和我的员工说话方式不同，但是……"

"说下去吧。"她催促他。

"现在我意识到，我们这儿存在着三种不同的语言，有系统语言，如系统配置、屏幕、选项。这与缩短完工时间、提高产量等中层管理语言大相径庭。"

"当然了。"玛姬说。

"但是，还有第三种语言——盈利——最高领导层的语言，而这才是最重要的，他们谈的是钱——利润、投资回报、现金流。我的人和你的人都没有使用这种语言。"他接着补充，"当然，这三种语言是相互关联的，但现今变得很明显的是，三者之间的演绎非常重要。事实上，我们，至少是我，对这种演绎几乎一无所知。"

"我的员工也谈盈利的。"玛姬争辩，"难道'成本'不算盈利语言吗？"

"玛姬，"史高泰柔声说，"关于处理每笔交易所节省的成本这一课，你忘记了吗？"

当玛姬想起柯雷的话——"不要把处理每笔交易节省多少和真正的成本削减混为一谈"时，她有点儿脸红，她说："你说得对，史高泰，我深有同感，系统集成商并不以盈利作为思考和说话的语言。现在，请解释一下你所谓的'演绎'是什么意思吧。"

史高泰举个例子说："我们或多或少都知道我们的系统与较早完成季度财务报表之间有何关联，但怎样将较早完成季度财务报表演绎为对盈利的影响？我不懂，你和柯雷也不懂。"

玛姬没有回答。

"你不同意吗？"史高泰有点儿出奇地问。

"我同意，当然同意。"玛姬退缩了，"我正在想，我们的员工不讲最高领导层的语言，但为什么在小型企业造成的影响会更甚？也许与大型企业相比，它们较嫌恶风险、较保守，因为它们更承受不起错误的决定？"

"这正是我现在考虑的问题，我还没有答案，但我已经接近了。"

玛姬沉默了一会儿，说："史高泰，你知道，为皮亚高公司写这份价值认证，将比我预期的棘手，我将不得不亲自监制。"

"对。"史高泰表示同意，"你的员工习惯了套用标准的模板，但这次不管用。"

"没问题。"玛姬说，"相信我们会从这项工作中学到很多东西。"

"那是肯定的了，请让我知道进展。"

"联合航空。"司机宣布。

玛姬一边拿起她的包，一边对史高泰说："史高泰，还有一件事需要考虑，我们没有专注于盈利效益，实施项目时造成了多大的扭曲？"

"你怎么会这样想？"

"只需要想一想，要是我们在系统实施的早期就能达到盈利业绩，项目推行起来会容易得多！"

史高泰对着已关上的车门，轻声说："谢谢你，玛姬，这点非常重要。"

20 分钟以后，他一边登机，一边自言自语地补充说："没有专注于盈利效益，这又令我们的 ERP 系统无故复杂了多少呢？"

整个航程，他都在哼着曲子。

6

不断在变的游戏规则

Necessary But

Not Sufficient

同一天（6月25日）

"空中服务员，请准备着陆。"

玛姬听到广播，便关掉了笔记本电脑，她很高兴已经差不多把所有电子邮件都处理好了。座椅上的电源插座令人又爱又恨，疲惫的乘客再也没有休息的空当儿了。但她也想到，一回到办公室就可以马上埋头于那些建议书，而不必担心电子邮件了，她快速地把笔记本电脑收拾好。

飞机向闸口滑行，在跑道操作员指示下左右移动。

"我想我们到了！"玛姬对邻座的男乘客说。

她快速地下了飞机，走向等候着她的司机。"思富，今天下午第四或第五公路的情况怎样？我们一个钟头之内能到公司吗？"

思富点点头，回答："来的时候情况看起来不错，但你知道路况变化得很快，我在后座为你准备了些矿泉水，无气的，对吗？"

"对，谢谢你，飞机上的空气太干燥了。"玛姬一边说，一边上车。她打开手机，查看旅程中有没有什么电话找她。有一个来自总公司的信息留言，她一边拨打那个熟悉的电话号码，一边猜想，仅仅几小时能发生什么事呢？

"噢，太棒了！"玛姬听到那个留言，不禁叫了出来。

"真是个好消息。"这个项目正需要这种鼓舞。

她再拨电话："柏德历，"她问，"舒娜怎么了？我以为她在这里工作蛮开心的。"

柏德历回答："我猜想，经常出差令她受不了。SBL 顾问公司提出条件邀请她加盟，她说她无法拒绝。钱是少了点儿，但她能安心在本地工作，她还是提前两个星期通知了我们。"

"真是谢谢她啊。"玛姬马上回应，然后较轻声地说，"谢谢她啊，德宝公司项目还有六个星期便正式启用了，而项目经理却在这时候辞职？找一个新的项目经理并让他迅速上轨道，短短两个星期不可能办到啊！"

柏德历回答："我知道，而且我们现在没有项目经理可以替补上去。德宝公司项目是一个很大的项目，我们需要合适的人选推动它。问题是，任何合适的人选都已经在负责其他项目了，那些项目的重要性可不比这个低。"

"你肯定吗？"

"玛姬，我认真地查看过了，我可以告诉你，依我看，我们没有合适的人选可以抛开手中的任务前来施援，我已打电话给莉拉，看看有没有新招聘的人员可以胜任。"

"六个星期后软件就要启用了，我们不能选用新招聘的人员来接棒。"玛姬尖锐地说。

"我知道，这样看来，除了从别的项目抽出一个合适人选，就别无他法了。"

对于这样的事情，玛姬总会把决定权留给自己。这件事很敏感，主要考虑是，要尽量减少被调走经理的项目所受的冲击，没有理由为解决一个麻烦而制造另一个麻烦。

"来，先给我有关 D&K 公司项目进展的资料。"她说，"如果我没有记错，他们的项目正处于验收阶段，所以，我们可以将麦克调至德宝公司项目，而且新招聘的那位可以应付 D&K 公司项目一段时间。"

与此同时，玛姬心里突然涌现出不安的感觉。她怀疑，如果德宝公司项目一切顺利的话，舒娜是不会离开的，多年来，她学会了相信这种直觉。

她语气柔和了一些，说："另外，请发一份德宝公司项目指导委员会的最新报告到洛杉矶分部给我，还有内部审计档案，我想知道我们实实在在的处境。"

"好的。"柏德历回答，"还要什么别的吗？"

"没有了。"玛姬回应。

"竟然在这时替换项目经理，好像我没有别的事要干似的。"她喃喃自语。然而，她很久以前就懂得，由她亲自指挥项目经理的调动，对公司的运作极为重要。合适的项目经理能及早发觉项目的隐患，及早发觉就能及早解决，而及早解决能令客户满意，满意的客户会提供好口碑，会带来更多生意，她提醒着自己这一连串因果关系。

从公司成立开始，监督各实施项目就是最艰巨的工作，六年以来，KPI 公司的发展一日千里，理当如此！KPI 公司总是能够交出成功的项目，玛姬在项目实施行业只任用有经验的人，不请刚从大学出来的毛孩子。别来了！她曾吸取过沉痛的教训。

大学毕业生的工资低，其中也不乏可造之才，他们会令你投标书上的每小时收费看起来具有相当的吸引力。但是，当客户知道他们付出的高昂价格所得到的竟然是毫无经验的人，他们会很不高兴。在现实世界中取得的成功经验是值得花钱购买的，但是太难找到了，监督项目和寻找合适的人手已经成了她生活的一部分。

她又拨一遍电话："莉拉，早上好，一切顺利吗？最近一批经网上传过来的求职简历，初步面试已进行了吗？"

不久以前，玛姬还亲自为每个加入公司的员工进行面试，说到底，她在业界的声誉是要靠每个员工的努力才能维持的。现在她实在花不起那么多时间了，但她仍然尽量亲自为每个应聘项目经理职位的人进行面试。"有多少人通过了比尔那一关，正在等我约见？"她问。

"他想要什么？"当莉拉告诉玛姬应聘者要求的基本工资，玛姬大叫。"还要一份丰厚的奖金？但有一点可以肯定，他具有我们正在寻求的胆识。"她接着说，"如果他的实际表现能有他所说的一半那么好，他就值这个价钱！查一查他的背景，如果他合格，将他加进我的日程表，一个 30 分钟的面试。"

这些人的薪金增长得真快，甚至比 KPI 公司的高速发展还要快。玛姬微笑着，她提醒自己，以员工人数来算，KPI 公司已经发展至比霸软公司还要大。要是收入也能超过史高泰，那就更有趣了，谁说学生不能超越老师？她暗自发笑。

然而，对这些人来说，薪金还不是最重要的，薪金不光是钱，它还代表他们的成就被赏识、被鉴定、被确认，这对这些人来说才是重要的。她的员工都享受面对挑战和克服障碍的滋味，从而变得更强。

这股来自内心的动力是学不来的，你要么就有，要么就没有，而具有这种动力的人实在太少了。每当遇到这种人，玛姬就会聘用他，即使眼下没有项目可以马上分配给他，这让 KPI 公司在竞争中领先一步，对手没有胆量冒这个风险，他们拿到了项目才去安排人手，结果每次都吃大亏。

要谨慎，史高泰已好好教导她，千万不要以为有最好的价格或建议书就一定胜出，相信这套的人往往会输，要确保有利的牌在你手中，好好利用。

每当玛姬的兵团出击，竞争对手就难以招架，就算尚未签合同，客户就已经很乐意与将同他们合作的项目小组见面。一开始就建立良好的默契，对赢取合同及成功实施很重要。在销售过程早期阶段所播下的种子，会发展成为做出最终决定时的关键因素。"称我为快乐的收成者吧。"她咯咯地笑了。

就在这个时候，她的手机响了。"下午好，我是玛姬。"她明快地说。

"不好意思，又要麻烦你了，罗伯特先生刚刚打电话来，但他拒绝跟我谈，坚持要直接跟你谈。"柏德历解释。

"罗伯特有没有说是什么事情？"玛姬问。

"他没说，但是正如我提醒过你的，那儿有些问题，我会给你发一份完整的报告。"

"他们为什么不在高兴的时候找我？好吧，我收到你的报告后会尽快给他打电话的。"

玛姬了解罗伯特，这次谈话不会像上午和柯雷见面时那样和气，建议书的事还是不能立刻处理了。她叹了口气，想起了她私人办公室墙上那幅鸭子图，那是史高泰送给她的，来提醒她如何渡过这种难关：表面上保持冷静，水面下拼命地划拨。

玛姬大步走过大堂，没有放慢脚步，她向洛杉矶分部经理多露菲呼喊："你有没有收到柏德历发给我的报告？请送到我的办公室来。还有，请打印最新的员工工作分配表，一同送来。"

她的笔记本电脑还没有启动，多露菲就到了她门口，说："这些是你要的报告。"

"所有人都会来参加四点的会议吗？"

"每个人都通知到了，他们都已经来了，当然，除了拉利。"

"拉利怎么啦？"

多露菲有点儿迟疑，说："他说你批准他缺席的。"

"是的。"玛姬想起来了，拉利要在他的客户的指导委员会上做个简报，他需要使出浑身解数去应付，因为该项目已经延误差不多一年，任何可能出错的地方都错了，还要多一点儿。倒霉的拉利，但他是好样的，他会熬过来的。

"你还需要什么吗？"多露菲问。

"没有了。"玛姬回答，她需要的报告都在这里了，柏德历保持了他一贯的办事效率。她先翻开罗伯特的报告，开始阅读，几分钟以后，她按下了对讲机的按钮。

"多露菲，打个电话找柏德历，他说软件修改的延误正影响罗伯特的项目，请他给我更多这方面的资料。"

在回复罗伯特之前，她必须充分了解双方的说法。她在想，人们从不根据项目开始时的计划原原本本地实施一个软件版本，总是左加右加，为什么呢？

决定在排程中预留多少空间来容纳这类改动，真是一门艺术。她确信，罗伯特找她，就是为了抱怨他的项目到底何时才能完成，还要花多少钱，等等。根据最初的排程，项目应该在四个月前就完成了。当然，他忘记了，是他自己不理项目经理的忠告，在软件推出使用前提出那么多改动的。

有关软件实施，玛姬的第一条法则是：先熟悉如何使用新系统，然后才可提出改动。她相信她的员工已经对罗伯特讲明白这个道理了。

太多的钱花在左改右改上，令新版本像旧版本那样运行。他们什么时候才能明白，要是新系统与旧系统一模一样，新系统还有存在的必要吗？她摇摇头，提醒自己第二条法则：客户不一定永远是对的，但他们永远是客户。

看来，她很快又要跟兰尼谈谈了，他们为什么不按照承诺把东西弄出来呢？她摇摇头，差五分钟就到四点了，该去会议室了。

两小时后，她回到办公室，感谢上帝，没有出现新的危机。实际上，洛杉矶的小组做得很好，当然，这是指整体的情况。她看着会议上草写的两页记录，没有什么是紧急的，除了……她勾出三项，然后拿起电话。

太晚了，她知道，美国东海岸那边已经下班很久了，她再次用对讲机呼叫多露菲。

"多露菲，你离开以前，能否帮我到我喜欢的那家意大利小馆叫些晚餐？"

多露菲说了几句，就像母亲般唠叨了一番，玛姬冷冷地回答："谢谢你关心，但我要在明早前往达拉斯之前处理完这些建议书，给我要一份意大利通心粉和沙拉就行了，谢谢。"

"我可不需要另一个老妈。"玛姬咕哝道。

玛姬一边在那些建议书上圈圈点点，一边想起了上午和柯雷的会面。她想起，她还得分派一个小组来进行那个项目，不禁叹了口气。下午忙得一塌糊涂，把这件事忘得一干二净，她还得抽时间指导该小组。史高泰是对的，如果这个小组沿用标准的老方法，肯定无法满足柯雷的需求。万一柯雷没有足够的东西提交给他的董事会，后果会如何，她不禁感到一阵战栗。

埋头工作吧！她叱责自己。必须处理好这些建议书，好让嘉露他们早日落实这几笔交易。

"同穿一条开裆裤"，客户当然喜欢这句话。"同穿一条开裆裤"，软件公司和实施小组之间不容互相推卸责任——这是游戏的新规则，给客户一份已整合好的建议书，可减少客户对项目的忧虑，并有助于完成交易。

玛姬在想，但柯雷对盈利的想法与这有何关系呢？是不是所有客户都将开始要求盈利价值认证呢？这是否意味着游戏规则又再改变？

埋头工作吧！她猛然告诉自己，如果今天的事也办不好，就没有明天可让我操心了。

7

两大矛盾

Necessary But
Not Sufficient

10 天后（7 月 15 日）

史高泰在床上辗转反侧。他想："我是一群狂奔向悬崖的动物当中的一个。"事实上情况更坏，ERP 供应商还必须不断加速——销售额每年增长 40%，不折不扣。

人们连眼也不眨一下，业界只顾向前乱冲，好像悬崖根本不存在似的，他心烦意乱，又翻了个身。

难道他们完全看不清这是死路一条吗？不可能吧。到现在，这已经不单是一个逻辑上的推断，而是人人都挥之不去的痛苦事实了，他叹了口气："他们不想说出来，原因和我不想说出来一样。"

床的另一边传来一声抗议。

史高泰轻轻地摸索着溜出了卧室，他走向楼梯，开了灯。"我不想说，是因为拉响警报于事无补，反而会造成伤害，肯定会造成伤害。"

他来到厨房，给自己倒了一大杯牛奶，他的思绪在飞驰，这是他头一遭面对看来绝望的局面，悬崖越来越近了，他却束手无策。他们的主要市场已经饱和了，大型企业的数目有限，这是改变不了的事实。

他坐下来，两手捧着盛满牛奶的杯子。嘉露错了，根本没有多少公司因为非常不满他们的 ERP 系统而愿意把已付出的巨额投资一笔勾销，转而投向新的供应商重新开始。有少数公司确实是这样，可让他们达到这个季度的销售目标，下一季度也可以吧，但是然后呢？然后怎样？

公司得主攻中型企业市场，这个方向很明显，但他越往这方面想，越意识到这并不是真正的解决方案。这个市场的销售周期长，成本高，而中型企业客户提供的收入却很微薄，连公司现在的运转也不足以支撑，更别提他们所需的增长率了。

没有市场是一个大难题，而这之上还有更大的问题。据兰尼说，很快公司连产品也没有了。

两天前，兰尼从印度回来了，他对待难题的方法就是拿它们开玩笑，难怪史高泰并不高兴听到兰尼一上来就问："你想先听好消息还是坏消息？"

史高泰拿起仍旧满满的杯子，开了花园的灯，往外面走，他开始漫无目的地在花园里踱步，好消息是第 8 版已经完成了，而坏消息是，兰尼的希望落空了。

以第 8 版做促销，这个希望并没有落空，这条战线的情况似乎比嘉露预料的好，她的员工能够利用简单的系统结构作为宣传点，赢取更多生意，刚好达到这个季度的目标销售额，而且，从竞争对手手中抢走客户的前景也不错，以致嘉露今年以来头一次不再担心全年的盈利表现了。

但是兰尼的坏消息使这一切变得毫无意义，他肯定新的软件结构对简化系统的作用不大。它不会令加入新功能变得容易，也不会令技术人员更快掌握它。而最要命的是，它不会令寻找及收拾软件臭虫变得更容易。

兰尼的原话是："史高泰，六个月后，我们回头看，将会十分怀念我们那段不用两个星期就能解决软件臭虫的日子，我们整个技术支持系统正在迅速走向全面崩溃，而我却毫无办法。"

他们已经把市场挖尽了，而他们的产品也变得太复杂、太难以操作了，但真正的问题是，他们对此束手无策。

史高泰一面小心翼翼地端着杯子，以免牛奶洒出来，一面在游泳池边上的躺椅上坐下来，他六神无主，不知道该怎样做。

创业之初，情况刚好相反，今天他们有光明的现在和黯淡的未来，而当时，他们几乎没有现在，可他们却瞄准着光明的未来。那时候，他们确切地知道该做些什么，他们有清晰的愿景、好的战略，甚至不错的战术。

那并不是说当时一切事情都来得容易，完全不是，他们在市场上没有知名度，资金不足，要么就是客户太少，要么就是人手不足。现在看起来，他们真正缺乏的是拓展公司所需的经验。但是，有一点足以弥补一切不足，那就是，他们知道自己的方向，而现在，方向已经迷失了。

史高泰把牛奶放在地上，他感到更加烦闷。他还不算老，不能光活在过去的回忆中，而且那意味着承认失败。而史高泰，作为一名战士，是不能接受这点的。

他跳起来，一定有办法的！他又一次沿着花园的小径踱起步来，他强迫自己重新审视霸软公司的现状，他一定要在围墙中找到缺口。

根据现况，大地震，也就是达不到销售额预估的标准，大概在 6 个月后才会发生，现在他们仍然可以尽量利用时间。美国和欧洲以外还有很多大型企业尚未购买 ERP 系统，在这些地方（如在南美洲）投入更多精力，将会给他们更多喘息的空间。

但那还解决不了问题，只是尽量利用时间而已。要谨慎，他提醒自己，这对他有帮助，因为他意识到手中的时间其实比他想象的少。

现实是，ERP市场这个大饼已经快要吃完了，所以，他现在的短期战略就是尽量在余下来的饼上多咬几口，尽量游说竞争对手的客户投向霸软公司。但这就意味着，假使霸软公司如他所愿成功了，一些竞争对手将不能达到他们的增长率指标。而实际上，其中一两家很快将不得不宣布负增长，这本来也没有什么大不了，但这一定会惊动华尔街。那些分析员一定会来找他，要求他出示有力的证据，证明霸软公司不会遭遇同样的命运，而一旦他不能提供具有说服力的证据，公司股价同样也会暴跌。

那么，出路在哪里？他怎么做才能使中型企业市场的销售周期大幅缩短呢？或者，他要怎样才能大幅度简化他们的软件呢？

不，只解决其中一个问题而不解决另一个，将不能避免霸软公司倒下，两者必须一起解决，有一个易于维护的系统但无人懂得推销它，是没有用的。同样，懂得推销但不能有效地将系统实施，也是没有用的。

根据史高泰的经验，就算问题看起来极难对付，却往往有简单而强有力的解决方案。但想找到这个方案，必须拓宽视野，必须从宏观的角度看待该问题。

现在他有两个问题，都没有解决方案，所以，他理应拓宽视野，将两个问题都包括在检视的范围之内。

如果他要找出简单但强有力的解决方案，就必须也看看两个问题之间的联系。

史高泰强迫自己有层次地审视整个局势，兰尼已经很简洁地描述了产品所面对的问题，为了迎合市场需求，他们必须不断加进更多功能，那就是必须继续使系统复杂化。然而，为了提供完善的服务，他们又不得不简化系统，产品面临的矛盾非常清楚，而无论是大型企业市场还是中型企业市场，这个矛盾都存在。

同时，市场的问题很明显，为了维持合理的利润，他们必须主力向大型企业销售，但是由于剩下的大型企业已经不多，要维持销售量他们必须主攻中型企业。市场的矛盾非常清楚，而无论他们继续把系统复杂化与否，这个矛盾都一样。

这两大矛盾看起来并没有联系，若不是他多年来养成的自律，他早就灰心丧气得大嚷大叫了，相反，他继续向前走，踢着小径上的小石子。

"一定有什么是我至今还不理解的。"他得出结论，"而如果我不理解问题，又怎能指望找到解决办法呢？"

他把一颗小石子踢到矮树丛中。

为了找入手的地方，史高泰问自己："这两个矛盾中，是否有什么具体的东西我还未理解？"

有，已经困扰他好久了，而且和其中一个矛盾有很大关系。

中型企业市场的利润少得可怜，原因是销售周期过长，但是，为什么中型企业的销售周期会与大型企业的一样长，而交易成功的机会更少呢？这不合理啊。

他回到游泳池边坐下来，拿起那杯牛奶，杯子仍然是满满的，不过他不到10秒就把牛奶喝光了。

他上一次为这个谜团煞费苦心是什么时候？是在柯雷给他上了一课的时候，那让他意识到，整个ERP行业都没有以提高盈利价值作为目标，软件供应商没有，系统集成商没有，连客户的信息科技人员也没有。

那次会晤后，直觉告诉他，他们的思维太受制于计算机系统和业务操作的语言，这是问题所在。也许这就是他们在中型企业市场遇到困难的原因，关键一定在于他们没有专注于提高盈利价值。

当时，玛姬谨慎的话引导了他，让他了解到是什么导致了产品不必要的复杂化。忽视盈利效益，造成客户不断要求那么多无意义的功能，使系统急剧复杂化，但这和中型企业市场销售周期过长有什么具体联系呢？

如果他能解答这个问题，他就找到了两个矛盾之间紧密的联系，然后，也许他也能同时解决产品和市场的问题。

太阳升起的时候，史高泰仍在一边散步，一边踢着小石子。

8

真正的效益

Necessary But

Not Sufficient

9 天后（7 月 14 日）

玛姬的目光离开笔记本电脑，看见佐治坐在桌子的另一端，她几乎没注意到他进来，她微笑着说："下午好。"她瞟了一眼手表，说："嘉露在哪儿？她三点就该来了。"

"听说高速公路上出了事故。"

"你们小组完成皮亚高公司的盈利价值认证了吗？"玛姬问。

"能做的我们都做了，进展不大，大部分时间都花在辩论到底什么才是可衡量的效益上。我们唯一达成的共识，就是很多我们一向放在价值认证中的东西，如系统集成和信息透明，都要剔除。"

"可衡量的效益对柯雷来说还不够好。"玛姬说。"你可以衡量废品减少了多少件，处理一笔交易省了多少时间，但这并不是柯雷需要的盈利价值认证。"

"对，对盈利的影响，我知道。"

这时嘉露走进会议室。"下午好，安乐窝中的各位，一切可好？"

玛姬笑说："安乐窝？你总是这么幽默，嘉露，旅途怎么样？交通很糟糕吧？不久之后，我们得需要乘直升机才能准时来往各公司了。"

"没错，我累坏了，有茶吗？"

玛姬笑着说："当然有，就在那儿，那儿有好几种茶呢。"

嘉露在泡茶的时候，玛姬想起忙碌的一天剩下要做的事，还有两个会议，还要陪客户吃晚饭。希望佐治有好成绩汇报。

嘉露坐下来，说："看来，连德士高公司也快要投向我们了，我希望你有足够的人手应付。"

"别担心，一切都在控制中，你们只要继续争取生意就行了。"

"下午好，嘉露。"佐治开腔，"玛姬，投影机已经准备好，我们随时可以开始，我们来不及把投影片弄得漂亮些，但我认为所需的资料都在这里了。"

佐治开始谈皮亚高公司项目的历史，以及高层的突破计划，玛姬不耐烦地打断了他。

"这部分我们都已经知道了，要记住，我们不是第一次为他们推行项目了，项目准时、没有超支这些我们都已经做到了，但柯雷要给董事会的是盈利成绩，不是历史课。"

佐治笑笑，知道玛姬不是生他的气，她有自己一套单刀直入的说话方式，有时会吓到人，但佐治已经习惯了，他迅速点击，跳过一些投影片，屏幕上现出一个题目"皮亚高公司预期达到的效益"。

"这是你要的东西吧？"

嘉露打开笔记本电脑，准备做大量的记录。

佐治开始谈第一点："他们将得到更好的信息，以供营运决策之用。"

玛姬面露不悦，这并不能阻止佐治继续说下去："项目已经开发好并实施了主数据资料标准，用于客户编码、零部件及供应商资料等方面，这些标准化了的数据将让他们看到公司的整体情况，并提供一个基础以随时分析各产品系列的赚钱能力。"

"佐治，这个我们已谈过了。"玛姬提出，"这和公司的盈利有何关系呢？到底是成本减少了还是收入增加了？"

佐治有点坐立不安，他回答："嗯，对于公司来说，这是一项战略性的效益，而不是可以量化的经济效益，我跟小组说过这个点子还不够突出，但他们坚持这对皮亚高公司十分重要。"

嘉露一面飞快地敲打键盘，一面点头同意。

玛姬反应却较冷淡："重要性是有的，但现在我们需要拿出实际的盈利效益来，你有没有金额数字可提供？"她催促他。

"好吧，好吧，这个怎么样？由于他们的发票出了很多错，客户不愿意多付，并发出更正发票来指正，用了我们的 ERP 系统后，客户的更正发票将会大幅减少，去年更正发票金额总计是 8 亿美元。"

玛姬前倾身子，问："你是说，系统实施后将令他们的收入增加 8 亿美元？仅此一项就够有说服力的了！"她语带讥讽。

佐治摇头，说："不是这样，客户从来没有多付钱，皮亚高公司只不过把更正后的发票重新寄给他们罢了。"

"那么，这怎可以算盈利效益呢？"玛姬冷冷地问。

嘉露似乎有点儿摸不着头脑，但她开始微笑。

佐治解释："皮亚高公司花费了大量的人力和时间来处理发票上的错误，收取应收账款的速度被大大拖慢了。"

嘉露踌躇地问："那么，这怎样体现在盈利上呢？"

佐治继续说："整合了霸软公司的系统后，发票一开出来就已经是正确的了，由于发票正确，皮亚高公司应该可以更快地从客户那里收到钱，现金流改善了。"

玛姬又摇摇头，说："好，但有多少最终成为盈利的一部分？佐治，那才是我们需要在投影片上看到的。"

"找这个数字，谈何容易。"佐治回答，"你肯定不会相信，我们花了多少时间试图把客户更正发票的额度——从8亿美元几乎变为 0——转化成为盈利，直至我们终于明白这到底是怎么一回事，我们就干脆打消了这个念头。"

"什么？"玛姬有点儿不高兴，"这里的确有盈利效益，你说打消念头是什么意思？"

"玛姬，你倒要赞赏我们一下。"佐治试着让她冷静下来。"我的意思是，我们了解到，必须放弃在那 8 亿美元身上打主意，转而专注在应收账款的回收到底加快了多少，这才算对盈利最终的影响。当然我们又浪费了不少力气来估算总共加快了多少时间。"

"我不明白。"玛姬回应。

"现在回头看，我也不明白。"佐治笑了，"但是，要知道，我们一向习惯在项目批准之前做这类价值认证，我们从来没有被要求在项目进行期间做，所以，我们要一段时间才能适应，也不奇怪。

"这其实倒更容易了，我们不用做那么多空泛的推算，因为 8 个月前，财务模块已经启用了，而头一个事业部使用新系统也将近一年，所以，我们现在有实际数据在手。"

"皮亚高公司应收账款的回收实际上平均加快了多少天？"玛姬问。

佐治打出下一张投影片："加快了将近 3 天。"

"只有 3 天？"嘉露感到诧异。

"千万别小看它，对于像皮亚高公司这种规模、年销售额接近百亿美元的公司而言，加快短短几天回收账款，其实涉及的金额很大。"佐治打出下一张投影片。

"根据至今取得的成绩推算，现金将一次性地增加接近8 000万美元，而考虑到皮亚高公司现在支付的利率，利润增加差不多700万美元。"

"只有700万美元。"玛姬明显感到失望。

"是的，就这些。"

"在处理那些错误发票上所节省的成本，怎么样？"嘉露问。

"是零。"佐治直直地说，他注意到嘉露惊讶的表情，便解释："为了顺利实施ERP系统，皮亚高公司向员工承诺，不会有人因新系统而被解雇。"

"员工人数没有减少，成本就没有节省。"玛姬尖锐地指出，"明白了这点，肯定令很多我们一贯的价值认证站不住脚，而区区700万美元的盈利进账也不算什么好开始。佐治，你还有什么发现？"

佐治转向计算机，打出下一张投影片。"新系统可顺利衔接皮亚高公司87个旧系统而不需要任何额外费用，这已为他们节省了不少钱，所节省的还包括皮亚高公司需要投入的时间，我们应该可以称之为直接效益。"

玛姬点头说："是的，我们可以利用这点作为购买我们系统的理由，但这对盈利并没有持续的影响。这好比你告诉你太太，你上星期买的电锯替她节省了多少钱。没错，当时商店正在大减价倾销，然而，买了这个电锯以后，你们银行中的存款增加了吗？"

佐治低声轻笑，说："我太太也这么说，但这仍然是一笔不错的买卖……"

玛姬语气中带着幽默继续说："来吧，佐治，我们一定还有其他东西可以提出来的，关于减少物料成本，有什么发现吗？"

"物料成本甚至不在清单上，我们查看过了，数字似乎太微不足道。"

玛姬看得出佐治开始泄气了，她鼓励他说："皮亚高公司这么大规模，物料成本即使轻微缩减，影响也不小，他们肯定从头两个事业部进行的集中采购中看到了初步成绩吧？按常理，如果采购不是各个工厂独自进行的话，采购量就会较大，他们就可以向供应商争取更低的价钱。"

"我还有什么好说的呢？"佐治耸耸肩。"第一个事业部 9 个月前启用采购模块，他们报称节省了 78 000 美元，好一个伟大的成就。"他准备提出下一个项目。

"等一等。"玛姬制止他，"那个事业部下面的每个工厂都用不同的化学品原料，联合采购的好处当然不明显，第二个事业部又怎么样呢？他们 5 个月前已启用该模块，而他们所有工厂基本上使用相同的物料。"

"我们没有核查过。"佐治显然很尴尬："等一等。"他开始查看他带来的一叠财务文件，他的目光突然发亮，说："对了，该事业部说每年的物料成本会减少 600 万美元。"

玛姬笑了。

佐治很快镇静下来，说："根据其他事业部的特点，我推测全公司会节省 3 000 万美元左右。当然，要确定这个数字，我们还得查看很多细节。”

“很好。”玛姬兴奋地说，“而我们可以称这个成绩为每年都得到的持久效益，如果不是改变了系统，他们明年的物料成本将会更高。

“那么，现在我们系统的投资回本期是 8 年，以此作为价值认证还不够好……”

嘉露试图伸出援手，插嘴说：“对库存的影响又怎样呢？至少这是以一项资产投资取代另一项资产投资——以科技取代库存。”

“对，这正是下一项。”佐治兴致勃勃地说，“第一个事业部大约 7 个月前启用订单输入模块，库存至今已经减少了 1 800 万美元。其他事业部减少不到 100 万美元，但他们只是刚刚起步，以第一个事业部作为参考，我们预计明年全公司的库存将减少达 1.5 亿美元。”

玛姬鼓励他说下去：“那么，对盈利的帮助呢？”

佐治回答：“库存减少，会令现金增加。”

“绝对正确，佐治，而这会反映在资产负债表（Balance Sheet）中。”玛姬兴致勃勃地追问，“而损益表（Profit & Loss Statement）将会有何不同？”

“损益表会因库存持有成本的减少而改变。”佐治马上回答。

“你说库存持有成本，是指多少？”嘉露问。

“我还在等他们提供这个数据，就说是 10% 吧，可以吗？”佐治说。

“不，不，”玛姬说，“10% 只是资金的成本，他们还得考虑物料过时和损毁的损失，以及仓库费用。我敢打赌，他们起码以 30%

作为库存持有成本。"

佐治显得非常高兴。"1.5 亿美元的 30%是……"他敲着计算机。

"4 500 万美元。"玛姬帮他一把。

"对。"佐治抬起头，表示同意："现在我们有数据可做交代了。"

玛姬平静地道："还不够，系统的实施令皮亚高公司上上下下经受那么多震荡，四年回本期的盈利价值认证还是不足以让柯雷为自己好好辩护，我们需要更多。"

佐治托着头，问："那么，下一步是什么？我的清单上已经没有什么可以谈了，剩下来的都是无法转化为盈利的数字。"

玛姬想起了她和史高泰跟柯雷的谈话，问："你所指的库存减少，是在哪里发生的？"

"什么意思？"

"在工厂还是在配销中心？"

"我不知道。"他翻看着资料，过了片刻，他得到了答案："在配销系统（Distribution System），这有什么要紧？"

玛姬说："库存减少的原因是我们的系统令补货周期缩短了将近 3 个星期，这对配销系统同时也构成一定影响，缺货情况应该减少了。"

"是的，这方面我们有实际数字。"佐治很高兴，"等一等，我来找找，在这儿，他们的交货率从 86%上升到了 91%，玛姬，小组也认为减少缺货是一项效益，但跟盈利扯不上关系。"

嘉露加入："减少缺货？这不代表销售会上升吗？因为客户

不用买竞争对手的产品了。"

"我们本来也是这么想的，"佐治说，"但我们看过有关数据，收入基本上没有变化。"

玛姬很失望："那么，我们只有拿手上这些充场面了。"

"等一下。"嘉露不放弃，"提高准时交货率，一般不会令销售额大增，但1%～2%是会有的，这样的小额增长往往被每个月销售额的波动所掩盖，佐治，你说你有这6个月的数据？"

"是的。"

"如果这个事业部的销售额是稳定的，把它放在皮亚高公司巨大的销售额中，或许我们能觉察到1%的增长。"玛姬插嘴，"那些数据在哪儿？有没有相关的图表？"

他们审视图表，确实有微小的增长，他们用尺子算出线条的斜度。"我们可以肯定地说，至少有2.5%的增长。"佐治终于得到了结论。

"佐治，我们暂且说得保守一些，就说其他事业部的销售额增加2%好了。"玛姬指示，"总的影响是多少呢？"

佐治信心十足地说："对皮亚高公司来说，销售额增加2%，每年就多了两亿美元，而我们知道，他们的产品毛利率平均是27%。"

"真不少啊。"嘉露评论道。

"你得记住，他们的产品是垂直整合的。"佐治解释道，"这意味着，一旦系统在所有事业部都启用后，净利就会每年增加大概……5 000万美元。玛姬，我们得到你需要的东西了，盈利价值认证甚至比我们项目开始时的还要强呢。"

"看起来是的。"玛姬松了一口气,"不过,让我们重温一遍吧,一次性的节省主要来自成功地将尚未收取的应收账项缩减及令库存大幅下降,这两项是多少钱呢?大约 3 亿美元,由于他们只花了 3.2 亿美元用于软件和系统实施,那么,皮亚高公司几乎不用花钱,就得到我们的系统了。"

"而持续的效益也同样重要。减少了库存,通过集中采购提高了销售额,这些加起来一年达 1.2 亿美元,柯雷将在这件事中一身光彩地突围而出,太棒了!"

"让我来完成余下的工作。"佐治兴致勃勃地说,"我最迟后天就会交给你。"

"太好了,干得漂亮!佐治,做得好。"她看看手表。"今天我们很早就谈完了,嘉露,感谢你抽时间出席。"

"是史高泰建议我来的,他说我会大开眼界,他说对了。"嘉露回答。

"对。"佐治表示同意,"对我来说,的确是一个震撼。"

当他们离开会议室时,他补充说:"我们以前在价值认证中列出的标准效益其实都微不足道,而且根本不是盈利上的效益。我想,我们在清单上列出的 20 项,只有 3 项可以过关。你能想象吗,提高销售额,这么重要的一项,在清单上连影子也没有!"

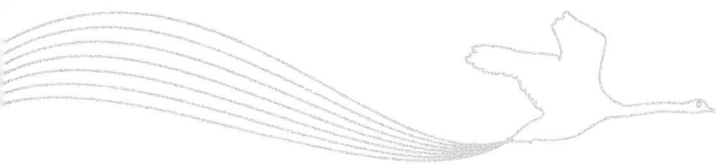

9

新 功 能

Necessary But

Not Sufficient

翌日（7月15日）

嘉露在就寝前最后一次检查电子邮件，她的目光立刻被一封邮件吸引住了，是史高泰发来的，题目是："不紧急，但很重要。"

"有趣。"她一边打开邮件，一边自言自语。

这封邮件和史高泰的所有邮件一样，十分简短。"谢谢你清晰的记录，什么时候能和我见见面？叫兰尼也来吧。"

什么记录？嘉露思索着，啊，一定是跟玛姬和佐治开会的记录了，她一面掏出记事簿，一面猜想，那份记录有什么重要呢？她这个星期的约会已经排得满满的了，而每件事情看起来都很重要。

"不紧急，但很重要。"史高泰是这么写的，她的好奇心油然而生，一定不会是那份记录本身，一定是史高泰从记录得到了某些启发，他是否发现了一些能帮助我们保持增长的方法呢？她可不敢想象这种奇迹发生，但对史高泰来说，没有什么是不可能的，嗯，只有一个办法能弄明白。

嘉露给兰尼打过电话以后，给史高泰回了电子邮件，向他建议早上九点开会。接下来的 10 分钟，她就忙着发多封邮件，取消整个上午的约会。

"兰尼，你看过了嘉露的记录没有？"史高泰问。

"看过了，没什么新意。"

嘉露感到惊奇，"'没什么新意'是什么意思？我们以前为系统所做的价值认证跟盈利根本沾不上边，难道这对你来说不算新意吗？"

"这是过期新闻啦，嘉露。"兰尼咧嘴一笑。"史高泰从皮亚高公司回来就告诉我一切了，你的记录只不过是证实罢了。"

"故弄玄虚！"她想。

兰尼转向史高泰，继续说："正如我告诉你的，这份记录对我们的系统并没有半点儿影响。比如说，我刚刚批准的那些新功能，我认为其中没有一个能够给客户带来一分钱的额外盈利，但这不碍事，客户就是有这种要求，而我们又不得不回应，我们得认命。"他说着叹了口气。

嘉露想了想，说："我同意。"

"啊，我不同意。"史高泰说。

兰尼一向能看透史高泰的思路，可是这次他不能了。当兰尼身陷尴尬境地，他通常会开开玩笑脱身。"嘉露，你听见史高泰刚刚说什么吗？他说，我们不用理会客户的要求，真是新闻！问题解决了！不再有愚蠢的新功能了！"

她懒得发笑。

"说嘉露的记录对我们的系统并没有半点儿影响，我不同意。"史高泰在坐椅上向后一倾，宣称："事实上，我认为，我们昨天的结论，不仅对我们的系统，甚至对我们运行的每个环节，都有很深远的影响。"

兰尼神情一亮，说："哇，这么说，你解决了问题？时机刚好，赶快让我们听听吧。"

"我们昨天得出的。"史高泰开始解释，"是我们的系统对一家大公司的真正价值所在。我说真正价值，是因为这是我们头一次看到了一份剔除了吹捧科技的陈词滥调的价值认证分析报告，它不再充斥着'数据透明''生产力'，甚至'死期'这类含糊的名词，而只谈实实在在的盈利效益。"

"昨天晚上，我做了一个简单的逻辑推理。我拿皮亚高公司的价值认证，然后假设皮亚高公司是一家市值 1 亿美元的公司，而不是百亿美元，那么，我们的系统带来的盈利效益会是多少呢？结果出人意料，我们要不要一起看看？"

他们俩都点头同意，不是出于客气，而是因为他们真的很感兴趣。

"为皮亚高公司带来的效益主要有四项。"史高泰开始分析："这四项是应收账款提早收到、物料成本减少、库存减少及销售额提高。KPI 公司为皮亚高公司做的分析给了我们很重要的信息，它提供了达成这些改善的原因。"

"应收账款提早收到，是因为系统让客户在开发票时较少出错，在这点，你们能否看出，大型企业和小型企业有什么分别吗？"

过了片刻，兰尼回答："区别不大，小型企业也会开错发票。当然，发票不出错，大型企业所得到的好处比小型企业多数以百万美元，但小型企业买我们的系统花费较少。所以，相对来说，我看不出，这项对小型企业造成的影响与大型企业有何重大区别。"

史高泰看看嘉露，嘉露说："我同意，这项并不是那么重要，它只不过对现金提供了一次性的贡献而已，而对盈利的影响是微乎其微的，我们看看下一项吧。"

史高泰继续："物料成本降低，是因为公司的所有工厂集中采购，这个你们能看出什么区别吗？"

"很大区别。"嘉露马上回答,"小型企业可能只有一两个工厂,搞集中采购的意义是零,或者接近零。"

"这个颇有趣。"兰尼评论,"一家公司的地理分布范围越小,这项就越没有价值,甚至相对来说也是。当然,小型企业的地理分布范围往往比大型企业小。"

"没错。"史高泰肯定他的话,"现在我们来看看清单上的最后两项好了,库存减少和销售额增加,这两项都源于同一个改变,那就是,将各区域配销中心的信息更快地传送到工厂。"

"完全一样。"嘉露很快答道,"小型企业可能根本连配销网络都没有,即使有的话,也一定不像皮亚高公司的全球配销网络那么大。公司的地理分布范围越小,得到的效益也就越少,真是活见鬼,对大多数小型企业而言,这最后两项的效益只是零!"

"史高泰,我知道你想说什么了。"兰尼说,"但是在你得出结论前,让我先说一点。皮亚高公司的个案里,有一个很大的项目我们还没有提及,那就是人力减少所省下来的钱。"

嘉露没等史高泰回答,插嘴说:"皮亚高公司不是例外,为了应对公司内部对变革的抗拒,大多数公司都会做出某种承诺,保证没有人或几乎没有人会因引进的新科技而受损。"

"可这项的潜力还是很大的。"兰尼并没有完全被说服。

"兰尼,我每天都在外面跑。"嘉露不耐烦地说,"我可以告诉你,裁员所带来的节省相对是很小的。到目前为止,我甚至没有碰到过一家公司因为实施了我们的系统而大量裁员。史高泰,我认为我们可以把皮亚高公司的个案看成具有代表性的例子。"

"我同意。"史高泰说,"有可能是 KPI 公司为皮亚高公司做分析时忽略了一些其他效益，也有可能是其他公司会有其他效益，但是结论都是一样的：公司越小，从我们的科技产品中获得的效益就越少，就算相对来说，也是如此。"

兰尼愿意接受他的说法。"那么你是说，对于大型企业，我们提供了可观的价值，而对于那些中型企业，我们没有提供多少真正的价值，是吗？"

"我倾向于同意。"嘉露若有所思，"我一直都说，中型企业不是我们的好市场。"

"为什么？"兰尼问。

"这不是明摆着吗？"嘉露答道，"要是我们拿不出真正的价值，只有那些新科技的崇拜者，那些认为自己必须时髦，必须追赶潮流的人，才会购买我们的系统。"

她立刻补充："谢天谢地，这种人还真不少，但是，公司里当然并不是所有人都是科技痴，所以，如果我们拿不出真正的价值来，要应对怀疑者的抗拒就要花费更多的时间和力气了。"

"嘉露，你倒要赞赏我一下。"兰尼说，"我完全明白你所说的，我的意思是，我们可以针对这点做些实事。"

"什么？"她不让兰尼回答，继续说："我们尝试过为中型企业专门设计一个迷你系统，有用吗？没有，我们删掉的每个功能，总有一些中型企业还嚷着要。现在我们发现，即使我们能够提供一个迷你系统，我们还是要失败的，系统根本没有他们需要的真正价值。兰尼，你在这项尝试上已经浪费了多少时间？还要继续下去吗？"

兰尼对嘉露的连珠炮似乎无动于衷，只是说："如果我们拿不出真正的价值，我们就有问题了，我们的产品必须为中型企业提供价值，这是唯一的出路。"

他稍作停顿，然后微笑着说："史高泰，我应该向你道歉，你告诉过我，如果我们看问题时不同时兼顾产品和市场，就无法找到一个全面的解决方案。坦白地说，直到刚才，我还以为你说的只不过是一个差劲的借口而已。"

"为什么？"史高泰感到很惊奇。

"同时兼顾产品和市场是浮夸的说法，现在我才领悟到，那正是你要我得出的结论。'产品必须为中型企业提供价值'，这正是同时兼顾产品和市场的绝佳例子。我承认，你是对的，又一次对了。"

史高泰感谢兰尼的这番赞赏。

嘉露受不了了，说："喂，两位大爷，清醒点儿好不好！说提供会带来价值的产品，这是一回事，怎样才能办到，又是完全另一回事。你们说成好像我们已经知道这件神奇产品是什么了，如果我说错了，就请纠正我，但我认为，我们一点线索也没有。"

"我相信史高泰有。"兰尼很有把握地说，"要不然，他就不会一副沾沾自喜的满足模样了。好了，史高泰，你是不是要跟我们分享你的解决方案呢？"

"恐怕你太高估我了。"史高泰回答，"我还没有解决方案，我有的顶多是寻找解决方案的一个方向而已。兰尼，你曾经告诉我，模块的数目不是问题，问题是功能太多了，完全失控。"

"没错。"

"那么，再加入一个模块，我们还可以应付得来吧？"

"当然。"

"很好，现在来看看我们的处境。我们可以加入一个模块，而模块要发挥什么作用呢？我想，这个重要的问题我们已经有答案了，这个模块一定要成为 ERP 系统中能带来可观盈利价值的一个组成部分。"

"尤其是对中型企业。"兰尼补充道。

"那么，我们到哪里去寻找这样的奇迹呢？"嘉露尖刻地问。

"请多多包容。"史高泰微笑着说，"我知道我说话慢吞吞的，但我保证我将提供明确的答案。"

"对不起。"嘉露对自己的急躁感到诧异，这种情绪是从何而来的呢？一定是她的直觉正因为某些事情向她发出警报。

史高泰继续说："我们已经得到结论，中型企业的地理分布范围没有大型企业那么大，我们不能期望现有的系统会大幅减少它们的库存或提高销售额。但有些软件公司恰恰在承诺这些，我指的是那些提供高级计划排程（Advanced Planning and Scheduling，APS）的新软件公司。"

"啊，不要再来这个了，我们以前就谈过要加进有限产能（Finite Capacity）排程了，APS 程序不是这个概念的引申吗？"嘉露问。

"基本上是的。"兰尼回答。"我曾花时间了解过，它们的确有些特色，你看，我们的系统是基于利用计算机储存并传送大量信息的威力，并能即时找到所需的资料，而高级计划排程程序则是基于计算机另一种完全不同的性能——在极短的时间内进行大量运算的能力。他们声称可以优化整个运作，这可能对库存和

销售额有重大影响。我认为是深入探索这方面的时候了，如果我
不是忙于控制我们现有系统的复杂性，被缠得脱不了身，我早就
这么做了。"

"它们真的能带来盈利价值吗？"嘉露仍然满腹疑团。

"我不知道。"兰尼承认，"我说过了，我还没有时间查证呢。"

"他们推销时是这样声称的。"史高泰说，"那么，假设他们
的说法没错，我在想，如果我们将 APS 功能作为一个新模块，融
入我们的系统中，我们就可以为市场提供一个非常有吸引力的产
品了。"

"强调盈利效益，有助于说服那些保守分子。"兰尼自言自语，
努力思考，"而我们系统的整体功能能照顾其他所有的方面。"

"嘉露，你认为怎样？"史高泰问。

"我不太清楚，即使它们真的能带来盈利价值，事情也不是
那么简单的。我们现在的销售战术是基于跟客户的信息技术人员
拉关系，而如果我们推销盈利效益的话，这个战术就变得完全不
适用了。"

"那又怎样？"兰尼不耐烦了，"谁说我们的销售战术是神圣
不可侵犯的？"

嘉露决定不理兰尼。她知道，销售战术是一家公司成败的关
键，你不能将大幅改变销售战术视为一场赌博，尤其是你的现有
战术有霸软公司这么好的时候，更不值得这样做，而你也不能为
没有依据的猜想冒险。"我应该怎样制止这场胡闹呢？"嘉露琢
磨着。

兰尼被她的不理不睬惹怒了："听着，嘉露，如果分析证

明……"

她截断了他的话："我们的分析是否正确，我还没有完全信服。"

"为什么？"兰尼追问。

嘉露知道，像"我感觉如此"这样的回答是不会被接受的，为了争取多一点儿时间，她说，"因为它的根据明显是错的。"

"你认为错在哪里，嘉露？"史高泰平静地问。

嘉露和任何出色的销售人员一样，已经学会了信任自己临场迅速思考问题的能力，这次也难不倒她。她以充满热诚的语调说："看，你说我们的系统没有为中型企业带来多少价值，这句话不对。如果你不介意，我们有一个最小的客户可能是我们最有力的盈利成功客户样板。你们都知道我指的是谁，史坦工业集团，他们声称，在不到一年的时间内，花在我们系统上的投资就全部回本了，并且由于用了我们的系统，他们的业务在不到三年内翻了不止三番。投资于我们系统的大型企业，没有一家有这样棒的回报。"

兰尼看着她说："噢，我跟他们很熟，史高泰，她说得有道理。"

"的确有道理，我们真是不幸。"史高泰承认，"我们必须弄清楚史坦工业集团是怎么推行系统的。"

"重要，但不紧急，对吧？"兰尼开玩笑说。

史高泰知道兰尼的工作排得密密麻麻的，他不能掉以轻心，说："不，兰尼，这很重要，而且紧急得要命。"

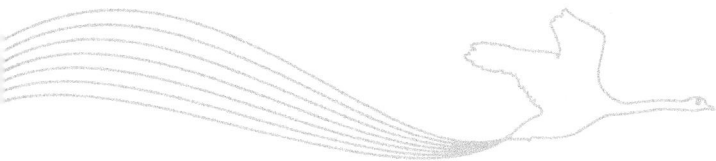

10

把瓶颈排程与 ERP 系统联结起来

Necessary But

Not Sufficient

6 天后（7 月 21 日）

史坦工业集团看起来仍然跟 3 年前差不多。当时，公司总裁费殊发起了一场变革，使公司销售额从 5 000 万美元提升至 2 亿美元。外人是很难察觉到有任何改变的，连总裁办公室门上的门牌看上去也是旧的，费殊用钱是出了名的保守，而这样的名声似乎跟公司的成就不相称，没有人能光靠省钱而取得真正的成功。

费殊的秘书热情地接待他们。"你好，兰尼，真高兴再次见到你。你一定是玛姬了，欢迎光临敝公司。这位呢，当然是史高泰先生了，我是久仰大名了。"

费殊满面笑容，从办公室走出来。

他出乎意料的年轻，留着胡子，衣着随便，不像平时跟他们打交道的典型总裁。他先和玛姬握手："你好，玛姬，我想这是你第一次光临史坦工业集团，请进。"他接着跟史高泰和兰尼握手。

"这已经不再是一家小公司了。"史高泰想，"但感觉上温暖而不拘形式，我没有感到迅速发展中的公司常有的紧张气氛和压力。"

有人似乎在回应他心中所思，这个人冲进房间，看见费殊有客，立刻转身想走。

"劳卓，等一下，见一见这三位负责我们那了不起的信息系统的大人物。"费殊说。

劳卓跟他们握手。

"劳卓是我们的发货主管，他确保每批货都会准时运出。现在他来找我，一定有什么延误了，对不对，劳卓？"

"嗯，不完全如此。'恶魔'公司问我们能不能特别安排，让他们明早八点收到货。我和珍尼查看了夜班的工作表，如果我们叫两辆卡车午夜出货的话是可以把这个要求挤进去的，我想找占美批准，可是他正在往圣地亚哥的途中，我不知道你有客人。"

玛姬大声笑说："哪家公司会叫自己'恶魔'呀？"

劳卓难为情地说："啊，不是的，这不是他们的名字，我们起了这个绰号，是因为他们吝啬得要命。"

费殊对劳卓微笑说："别担心。'恶魔'公司会付这笔特别运费的，他们的财务主管上星期答应了我，他们会承认所有紧急运货的发票，我猜他们已经吸取了教训。"

除了友善和不拘形式的气氛，史高泰感到这里还充满平静和手足情谊，员工可以进入费殊的私人办公室。

"很高兴你们都来了，真是荣幸之至。不过，我以为你们一般都只造访向你们投诉的客户，我们可没有投诉啊。"

他们都笑了，史高泰接过话题："费殊，两年前，你在我们的用户交流会上亲自做简报，宣称霸软公司为你们的业务提供很好的支援，你甚至说，你们在整个应用系统上的投资不到一年就完全回本了，我们自然想多了解一点。"

费殊笑着说："你们也该对此感兴趣了，让我猜猜看，不是很多客户有这么好的回报吧？"

"你说得对。"

"嗯，"费殊说："我只是以事论事，我不会因为大家都夫买科技产品就跟着买，也不会因为它看起来很好或很精致就去买，我只会为一个理由购买科技产品。"

他稍作停顿，强调说："我只有在确信该项科技产品能让我赚更多钱时才会购买。"

"我们真幸运，不是每个老总都持你这种看法。"玛姬半开玩笑地评论。哇，她想，这家伙轻松友好的态度，真会感染人啊。

费殊对她报以一笑，说："几年前，我已经清楚地知道，你们的系统可以怎样帮助我赚钱。坦白地说，开始时它并不像我想象般运行，但后来我们终于令它顺利运行了，打那以后，这个软件在我们的业务中就一直扮演了重要的角色。"

大家等他继续说，他却打住了。

"我们就是为了了解细节而来的。"史高泰轻声提醒他。

"你们想要细节？"费殊澄清，"我可不希望我的竞争对手们知道细节啊，好吧，就让我告诉你们一些基本事项吧。"

"我们正是为此而来。"玛姬向他保证。

"3 年前，我开始对你们的 ERP 系统感兴趣。那年，史坦工业集团的情况很不妙，当时尚未出现亏损，但衰退加剧了，我们差不多只能收支平衡。我很担忧，因为看起来公司还会继续滑坡，对我们而言，继续衰退就意味着我们将身陷无法跳出的深洞中，我们急需更多的订单。"

他顿了顿，回忆起了当时坚持积极主动是多么不容易，而以"适当规模"（Right-sizing）作为避难所的诱惑又是多么大。

"我在寻找自己的竞争优势，那是我们得以生存下去而不流失太多员工的唯一出路。于是，我尝试用客户的眼光来分析形势，我知道我必须找出一些对他们十分重要的东西，而当我专注于此时，要找出个中关键因素就不太难了。我们的客户是从事大型项目的，我们的产品要在他们项目的后期才用得上。当客户找我们时，他们的项目已经接近尾声了，只有这时他们才能定出我们必须知道的精确尺寸，这也难怪整个项目的完工完全依赖我们的产品何时交货。于是我想，要是我能承诺一个远比竞争对手快的交货期，那会怎么样呢？"

他停下来，问："明白大致情况了吗？"

"你在开玩笑吧？"玛姬微笑说，"这正是我过的日子。我们项目的最后阶段总是一面使用旧系统，一面测试新系统，这冲击了公司的运作，造成怨气满天飞。别担心，费殊，有关项目末期所承受的压力，我们是很有共鸣的。"

史高泰接着说："费殊你说得很清楚，迅速而可靠的反应对客户来说至关重要，缩短完工时间会给你们带来竞争优势。于是，你认为 ERP 科技能帮你达到这个目的喽？"

"你跳得太快太远了，史高泰，你说得对，我希望缩短完工时间。我知道 ERP 公司都宣称它们的系统能缩短完工时间，但我没有随随便便就相信，完全没有。我必须确保我们所买的一定有效，更何况，我没有那么多钱用来乱花。"

"我组织了一个小组来检查我们的运作流程，并且研究如何缩短完工时间。小组发现，生产前的步骤，特别是报价部分，几乎要花两星期。他们还发现，由于物料短缺，每张订单起码再延迟一个星期。找到这两个原因后，我们就想到以 ERP 系统作为解决方案，对于我们这样规模的公司来说，这是重大的一步，我们以前从来没有认真考虑过。"

"我们知道 ERP 系统可以帮助我们缩短报价时间，也能帮我们更好地管理物料，减少物料短缺问题。基于此，我估计使用 ERP 系统可以将完工时间由平均 10 个星期缩短为大约 7 个星期。"

"当然，在做出这么大的投资之前，我必须确保我能提高销售量。我造访了所有大客户，据他们所说，如果能够把完工时间压缩到 7 个星期，销售量至少可以提高 10%，我太需要增加销售量了。而这个投资回报看来也不错，于是我决定付出高昂的价钱买你们的系统。"

"明智的决定。"玛姬说。她想，他说的道理并不复杂。但她也留意到，他的逻辑纯粹建立在盈利的价值认证上，而且这些小气鬼还自己动手搞系统实施，从中省了钱。

"你们安装系统时遇到什么问题吗？"她问。

"没什么。"费殊很直接地说，"系统甚至如我们所想的那样运行起来。很快，我们就把生产前的步骤从两个星期缩短至两天完成了，而且很少有订单会因为物料短缺而耽搁。"

"真是个精彩的成功故事。"玛姬总结。

"谁说成功啊？"费殊咧嘴一笑，说："是彻底的失败。"

今天他意气风发，这些大人物终于发觉他的做法如何与众不同了，他刻意要把这份满足感发挥得淋漓尽致。

"系统顺利运行了，完工时间缩短了，理论上看来也是对的，销售量理应提高，那么，究竟发生了什么事呢？"史高泰问。

"系统顺利运行了，但完工时间并没有缩短。"费殊回答。

"我不明白。"玛姬被弄糊涂了，说："但是你说……"

"是的，我知道我在说什么。当时我同样感到很困惑，你知道，在我的行业，如果我保证 7 个星期的完工期，而不能在 7 个星期或最多 8 个星期之内交货，公司就要关门大吉了。因此，对客户做出承诺之前，我们当然要测试一下。嗯，我们的确用仅仅两天就完成了生产前的步骤，而物料也没有短缺，但我们还是要拼命追赶才能在 10 个星期内出货。"

"怎么会呢？"

"这正是我当时的疑问。"

兰尼觉得这个问题似曾相识，当年他搞 MRP（Material Requirements Planning，物料需求计划）的时候，就意识到给生产部更多时间，并不能提高准时交货率或减少赶工。

费殊继续说："后来，我和我的操作经理参加了一个制约因素管理研讨会。有人在演讲中谈到 TOC 制约法（Theory of Constraints）在生产上的实施。我简直无法相信自己的耳朵，他描述的正是我们的处境，尽管他从事的是完全不同的行业。他证明了，像我们这样复杂的传统产业，更早发料生产，并不意味着能更早完工，发放更多物料其实会使等候的长龙更长，而每张订单的平均完工时间就更长了！"

他稍作停顿，让他们消化，然后继续说："这就是我们看不到任何成绩的原因。在生产前的步骤所省下来的两个星期，令物料提前两个星期发放，于是，生产线上现在堆着的物料有 10 个星期，而不是 8 个星期。工头要面对更多订单，要做更多决定，而出错的机会就更大了，最后，分配给每张订单的时间都被用尽，正如帕金森定律所指的那样。"

费殊望着面前的听众，他们明白他的话，虽然他们可以算大人物，但他们正从他身上学到新的东西。

"我们的问题是要在 7 个星期内完成每张订单，而不是 10 个星期。当天的演讲者建议用'鼓-缓冲-绳子'方法，粗略来说，那就是根据订单的承诺交货期来控制物料发放，将物料发放延迟至承诺交货期的 7 个星期前。"

"我必须承认，这个做法当时听来完全不对劲。它是指，我们有了订单，有了物料，而生产流程上的头几个工作站正闲着，我们却不发放物料。我明白，过早发放物料会造成下游挤塞及混乱，但是，要我接受'提早完工就必须延迟发放物料'，这理解起来就相当难了。

"我的生产经理珍尼确信我们应该这样做，于是我就让她试试。当然，这成功了，我们可以放心地在 7 个星期内完成每张订单了。"

"于是，你指示你的销售代表以后就报出 7 个星期的交货期，生意就开始涌来了。"史高泰替他说完了。

"这给我们带来了差不多 20% 的额外生意。"费殊证实，"现在我们赚钱了，我们解套了，而我则有时间可以考虑下一步了。"

费殊停下来，看着客人。

史高泰微微一笑，他知道费殊要他猜一猜。"既然你能够在交货前 7 个星期发放物料而准时交货，为什么不试试 6 个星期，甚至更短的时间呢？"

费殊微笑说："完全正确，但我是从另一个角度看问题的。我的客户希望更短的完工时间，是因为他们能够从中得到真正的价值，如果只有我才能提供这样的服务，为什么我不能分享这价值呢？为什么不争取较高的售价呢？

"我希望继续采取以缩短完工时间来争取市场的战略。不过我加进了另一项，我为客户带来更高的价值，我想从中得到更多的回报。我的想法是，提供 4 个星期完工的选择，价钱是在常规价格上加收 10%，我认为，这样的提议对很多客户来说会有相当大的吸引力。另外，能够做出这样的承诺，就会提高我们的声望，使我们与众不同。"

"当然，做出这项提议，你就要保证 99%的准时完工。"兰尼评论。

"没错，当时我们已经熟悉 TOC 制约法，并且细致地研究了'鼓-缓冲-绳子'的计划方法，我想我们已经知道如何稳妥地取得完工时间的另一大突破，我们需要大幅削减排队和等待的时间。为此，我们要小心地为最忙碌的资源排程，并与物料发放排程互相配合。我要求小组详细设计一个'鼓-缓冲 绳子'计划步骤。1 个星期后，他们遇到了难题，瓶颈的排程可以用人手编排，但是，要保证数以百计的物料正确发放，我们需要 ERP 系统，所以我们得把瓶颈排程与 ERP 系统连接起来。"

兰尼从他的观点出发，替费殊把故事说完："现在我明白你们要求修改计算机程序是怎么回事了。你们要我加入一个功能，接收某资源的详细排程，并以此计算订单完工日期所受的影响，这个古怪的要求令我诧异，这跟 ERP/MRP 通常的计算程序背道而驰。我曾读过一两本关于'鼓–缓冲–绳子'计划的书，但没有看出两者有什么明显的关联。"

费殊点点头，说："你说得很对，最好的办法就是请你们编写这个小小的功能。当你们那 10 万美元的报价单交到我手中时，我真的气疯了，只是一个很小的功能而已。别告诉我不是这样啊。"

史高泰笑了："我记得这件事，兰尼坚持只有他才懂得怎样编写……而且这个功能又那么特别，不能在别处派上用场。于是我发了那张报价单给你，其实，我倒希望你会知难而退。兰尼那么忙，对我们来说，他的时间可比那 10 万美元还要宝贵啊。"

费殊微笑着说："我差点就取消了那个要求，想以一个 Excel 模型代替。幸好我的生产经理说服了我，这实际上是不可行的，我们的确需要将这个功能嵌入 ERP 系统中，她提醒我这个功能能让公司赚一笔钱，我被她说服了。"

"我们得到新加入的功能后，就马上行动。"费殊继续说他的故事，"我们可以接受 4 个星期交货的订单。这个消息一经公布，立刻使我们出了名，销售量激增。通过聚焦于瓶颈（Bottle- neck），我们改善了它的表现，这非常有价值，因为我们发现，我们可以用同样的人手完成更多的工作量，这远高于我们的想象。当销售量再次跳升时，我们不得不经常要瓶颈及其他两个工作站开夜班。然而，我还是为客户不愿付出额外的 10%的价钱感到沮丧，最大的客户仅仅愿意加 2%，我们那么棒，那些吝啬鬼真是气死我了。"

看看谁在讲话啊，玛姬心中暗笑。

兰尼鼓励费殊说下去："去年，你又来向我们提出另一个古怪的要求……"

费殊继续说道："是的，正如我说，我的心还是搁在市场上，我还是希望通过为客户提供更高的价值，令我赚到更多的钱。4个星期交货虽然是一个不错的选择，但还不足以让客户付出更多的钱。我问自己，什么情况下，他们才会乐意付出我们提出的任何价钱呢？"

"在最紧张的关头，有难题出现，即当一个部件阻碍整个项目的时候。"玛姬信心十足地说。

"一点没错！"费殊再次以赞赏的眼光看着她，"于是，我发现如果我们愿意做出一个清晰的承诺，客户遇到大麻烦时，我们可以在一个星期完成急单，对客户来说，这将是一张非常有吸引力的安全网，急单加收30%就不成问题了。当然，我只愿意把这项服务提供给那些保证把所有生意都交给我们的客户。

"只有一个小小的问题，我召集了小组和我所有主要员工，向他们提出了一个问题：我们如何能以 1 个星期完成 1/4 的订单，而仍然不错过任何承诺交货期？"

"他们怎么说？"玛姬问。

"他们说，这绝对办不到！绝对不成！我喜欢这个答案，因为这应该也是我的竞争对手的反应，我要员工再动脑筋想想。"

"你对手下的能力很有信心啊。"史高泰说。

"是的。"费殊微笑着说，"而且我知道他们晓得解决方案的所在。"

"缓冲管理？"兰尼问。

"正是。"

为了解答史高泰心中的疑惑，兰尼说："那是'鼓-缓冲-绳子'的后续步骤，当你想把完工时间压缩至接近墨菲①所造成的延误的时间……"

"你是说，比如机器故障？"玛姬试着理解。

"基本上是。"费殊接着说，"但我更担心那些较常规的事情。你看，在我们公司，一台机器因故障而停机超过一天是很罕见的，但一张工作单在某长龙中待两天甚至三天却很平常。如果你希望在1星期之内完成相当多的订单，生产线上的所有人员必须懂得怎样适当处理。一方面，你要经常在长龙中插队，不依原来的次序；另一方面，如果你经常改动生产计划，整个运作就会乱作一团。所以解决的办法就是，给计划系统补充一个执行系统。"

"我们每星期只运行'鼓-缓冲-绳子'系统一次，出来的计划我们就坚决执行。当然，我们在瓶颈上预留足够的备用产能，以保证急单不会冲击生产计划，而只是加入计划中而已。物料发放和瓶颈的工作必须照已编排的排程办。"

---

① 墨菲是指墨菲定律（Murphy's Law）：任何可能发生的麻烦，都是一定会发生的。——译者注

"另外，我们在生产线上运行缓冲管理，有了编排好的排程及主要工作站反馈信息，每个人都知道了最要关注的是什么。"

他把身体向前倾，说："这是关键，每个人，包括技术支持部门，都时刻关注缓冲的情况，一旦面前有长龙，不知道哪项应该先做，他们就去看看缓冲。"

"如果你们有兴趣的话，我可以把我关于缓冲管理的书借给你们看。"兰尼对两人说。

"我感兴趣。"史高泰承认，"将运作系统和计划系统分开看待，这个概念对我来说很新鲜。"

"这正是问题所在。"费殊叫苦，"为此，我们只好又付给你们一大笔钱，请你们的程序员帮我们开发它。"

"兰尼，你有没有亲自介入开发？"

"他没有。"费殊答，"你们并没有为程序编算向我们榨取一大笔钱，你们只为了新增加的同步用户向我要钱。相信我，要不是我的手下向我证明一定要跟 ERP 系统完全整合，我绝不会答应为了这些新增加的同步用户而付钱给你们。直至现在，我仍然不明白我干吗必须付那么多钱。"

"但你有没有从中赚到钱呢？"史高泰微笑着问。

"当然有！"费殊又笑了，"史高泰，你对 40%的年增长率感到自豪吧！我想，我们今年的增长率将会是又一个 75%。"

史高泰向前靠了靠，说："这真了不起，费殊，你下一步是什么？"

费殊大笑着说："噢，史高泰，你可别指望我会告诉你。"

上车后，史高泰首先问："兰尼，你给费殊写的程序，当时签的是哪种合同？"

"我们说的可是费殊，记得吧？但如果你问的是版权归谁所有，版权是我们的。"

"很好，那个程序是不是量身定做的？"史高泰继续问。

"有部分完全是量身定做的，但绝大部分是通用的。"兰尼回答，"要回答你真正的问题，我会说，以这个'鼓-缓冲-绳子'程序作为基础，我可以在几个星期内开发出一个很好的程序。而要把它变成一个可以在任何环境下都能运行的软件包，那就是另外一回事了，大概需要半年到一年吧。"

"这是关于计划系统，那么执行系统又怎样？"

"缓冲管理那块？我不知道，我得看看我们已经做了些什么，但这个不会是很庞大的工程。"兰尼看来并不太担心。

"或许我可以帮你省点儿时间。"玛姬插嘴，"史高泰，你问这些问题干吗？你到底想说什么？"

"这不是明摆着吗？"史高泰回答。"我们找到打通中型企业市场的办法了"。

"我不同意。"玛姬坚决地说。

史高泰试着说服她，说："玛姬，你看，费殊就是我们销售人员的噩梦。他很小气、对科技不感兴趣，只是个小人物，绝不是你能够指望会成为我们公司客户，而且更不是像他现在这么好的客户了。"

"关键还在于价值。"兰尼说，"玛姬，我们说中型企业市场的关键是价值——盈利价值，现在我们知道如何提供了。"

"不，我不赞同。"玛姬断然说。

要不是他们一向很尊重她的意见的话，早就不理睬她了，但因为这是玛姬，他们还是要听下去。

"你们两位对计算机系统业务大概已经无所不知了。"

"经过今天，我倒不敢那么肯定了。"史高泰喃喃地说。

她没有理会他的话，继续说："但是，说到系统实施，和系统使用者合作，战胜人们的怀疑和抗拒，我倒领悟到一二。朋友们，甜言蜜语、带点儿天真的费殊，其实并没有说出全部真相，难道你们没有看出来吗？"

"他隐瞒了什么呢？"

"他没有告诉我们，安装那个系统多么困难，我指的不是安装在计算机上，而是安装在他下属的脑袋中，你们没有意识到吗？他讲的其实是要改变企业文化？不，简直是一场文化革命！"

见他俩不为所动，她又试着从另一个角度解释："听着，改变运作规则是相当艰难的，人们害怕改变，他告诉了我们，他如何严控物料的发放，有订单、有物料、有闲着的人手，却不发放物料，是多么的怪异啊。他告诉了我们他的感想，你们认为他的员工又有何感想呢？"

"当没有足够的工作交到人们手中，你们猜猜他们是怎样想的呢？你们难道没有想到，他们会开始怀疑：公司什么时候会宣布裁员？在这种情况下，赢取大家的充分合作绝对不是一件轻而易举的事。"

"这家伙能想出这个解决方案，不仅很有智慧和眼光，他肯定还拥有惊人的管理才干，才能说服员工配合他。"

史高泰想起了费殊公司内那种充满信任的美好印象，连发货部的员工都可以与总裁轻松交谈。

玛姬继续说："科技的改变往往换来员工的敌意，你们没有意识到吗？当你想要进行的改变与绩效衡量系统（Performance Measurement System）发生冲突，那么，你就会碰壁了。"

"我们当然意识到了。"史高泰颇为不悦，"但是，绩效衡量系统跟费殊告诉我们的，有什么关系呢？"

"我没有察觉到史坦工业集团对我们的绩效衡量模块做过任何改动啊。"兰尼说。

"你们已经太习惯于从计算机系统的角度来看这个世界了。"玛姬知道自己未能触动他们，但她不是那种轻易罢休的人。"听着，你们是否同意员工效率是绩效衡量系统的一部分？"

"同意。"兰尼毫不怀疑。

"当物料发放要跟瓶颈排程配合，那么所有非瓶颈的员工的效率会怎样呢？费殊只字未提'效率'，但我告诉你们，为了实行新工作模式，他必须先把效率的衡量逐出史坦工业集团。我敢肯定，仅这一项，他就曾跟员工多番激辩。"

"我明白了。"兰尼说。

"你说得对。"史高泰承认，"费殊成功实施的改革，肯定比他实际告诉我们的丰富及深入。这说明了另一个问题，我本来还在猜想，他为什么毫不犹豫地将技术细节向我们倾囊相授。现在我明白了，由于玛姬说的那些难度，他知道竞争对手要模仿几乎是不可能的。"

"一点儿没错。"玛姬同意。

"这对我们是个坏消息。"史高泰很快就抓住了重点。

"为什么呢？"兰尼问。

"即使你写出了程序，"史高泰解释，"系统能够经历那场必经的文化变革，顺利实施并带来价值的机会有多大呢？"

"玛姬的员工可以策动那场文化变革。"兰尼建议。

"不可能。"玛姬反驳，"我的人员在系统集成方面是能手，但要策动一场文化变革，他们的能力跟你们的程序员是一样的。"

玛姬的话说服了兰尼，他说："那么我们该怎么办呢？"

"就照你的决定进行啊。"玛姬踌躇满志地说，"如果问题在于生产线出现的交通堵塞，我们不必改变所有的交通规则，我们只需要一个非常机敏的交通警察。"

"你指的是加入一个优化程序，一个 APS 模块？"

"正是。"玛姬答。

"很好。"史高泰说着，开始哼起歌来。

11

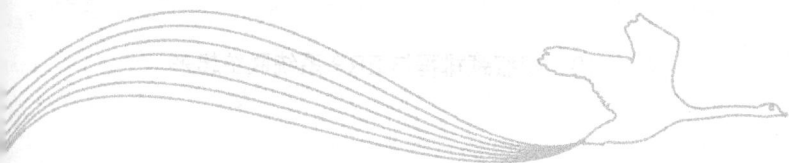

最佳排程何处寻

Necessary But

Not Sufficient

6 天后（7 月 27 日）

星期一早上八点半，兰尼踏入全国最佳 APS 公司之一的英达逻智公司办公楼时，已经累得要死了。他还在为航空公司因某些技术故障，将乘客关在飞机上 3 小时之久而恼火，他凌晨三点才到达酒店，疲劳和气恼使他变得极不耐烦。

他向英达逻智公司行政经理娜拉做了自我介绍，她正在等候他的到来。兰尼穿着随便，头发没有梳理过，胡子也刮得不甚齐整，外表显得不大整洁，一点儿都不像高级行政人员。

她掩饰着失望，热诚地接待他。"幸会，先生，卓克会向你介绍我们的软件，而我们的销售副总苗勒会在十二点半与你共餐，我先带你到卓克的办公室。"

卓克只知道霸软公司有人要来看看英达逻智公司的软件。兰尼一进门，卓克马上就从他的外表看出，他既非搞业务开发，也非营销或销售。他在猜想兰尼的真正意图，却摸不着头绪，只好试着为他们的软件做例行性的介绍，他念出推销产品的开场白，畅谈当今市场的竞争，以及以信息取代库存的需要。

兰尼意识到对方是销售人员，便请他空话少谈。"这个软件希望达到的目标是什么？"

卓克机械性地回答："优化整条供应链（Supply Chain）、缩短完工时间、减少库存、更有效地运用资源、提高准时交货率和迅速报价，以改善客户服务。"

兰尼讨厌只照本宣科的家伙，他以尖锐的语调反问："这个软件怎样减少库存，而又同时提高资源的效率呢？"

"问得好。"卓克回答，"这正是你需要这么灵巧的 APS 软件的原因，这是一个真正的有限产能排程工具，能细心规划并监督产能，我来给你演示一下这个软件。"

兰尼尝试按捺内心的烦躁，他说："我已经看过软件的演示了，我连自己的数据也带来了，但是，在请你输入我的数据前，我希望多知道一些关于这个软件背后的概念，谁能告诉我这些呢？"

卓克开始意识到他今天倒霉了，不管此人是何方神圣，例行的销售说法在这个家伙身上不管用。卓克试图谨慎而又专业地把兰尼打发走，他已经在想着此刻原本可以处理的其他销售机会了。"你大概得见见工程部的人，但我不知道现在谁有空，而软件背后的运算法则是我们专属的机密。很抱歉，我们不可以在自己的计算机上输入客户的档案，只有软件工程师才有权这样做，这是我们的管理政策，是为了防范病毒。"

兰尼站起来。"好的，卓克，谢谢你。"他走回中央办公室，找到了娜拉。她正在讲电话，他靠近她。娜拉说："我稍后给你回电话。"她挂上了电话，疑惑地看着兰尼。

"打扰你了，不好意思。这好像有点儿误会。我来自霸软公司，想深入了解你们的软件，卓克肯定帮不了我，我还以为你们的开发部副总之类的人会见见我，你能不能帮我看看我何时可以和他谈谈？"

娜拉只是眉毛一扬，她保持冷静而有礼。"我们的销售副总苗勒先生将在午餐时间会见你，我想，工程部副总鲍尔现在正忙着。"

兰尼点点头，说："我明白了，你能否告诉邓宁，霸软公司的兰尼想跟他说两句？"

冷静的娜拉被他吓了一跳，邓宁是英达逻智公司的总裁。

"请先坐坐，兰尼先生，我会尝试安排。"娜拉说。

兰尼坐在办公室角落的皮椅上，片刻过后，邓宁大步走进房间里。

"兰尼，真高兴你到这里来。史高泰跟我说过，你会来看看我们的运作，不过我不知道你是今天来，我为一切的误会道歉。"

邓宁转向娜拉说："鲍尔在他办公室吗？"

"在，他在主持小组经理的每星期例会。"

"很好，这表示丹宁什正和他在一起了。告诉鲍尔，霸软公司的兰尼和我现在就到他的办公室来。"

娜拉拿起了电话，邓宁对兰尼说："我希望能亲自陪你，但此刻我办公室还有来自中国的客人，鲍尔是我们的工程部副总，我想你会更有兴趣和他谈，让我带你到他的办公室吧。"

邓宁引领兰尼走进电梯，他们上楼时，邓宁告诉兰尼，工程部正忙着润饰一个月后推出的新版本软件，新版本将把财务功能加进全局优化中，兰尼猜想新版本能否准时推出，希望他们的排程比昨晚的航班好些吧。

电梯门一开，与兰尼有过几面之缘的鲍尔就穿过走廊来迎接他们，他身后还紧跟着一个人。

"兰尼，这是鲍尔，我们的工程部副总，这是我们的首席科学家丹宁什，不需要我来介绍兰尼了吧。"

"你好，兰尼。"鲍尔边握手边说，"我们碰过几次面，你大驾光临真是太好了，和丹宁什谈谈吧，他是我们的优化系统背后的主脑、康奈尔大学数学博士。"

"看来，我见到了我想见的人了。"兰尼对邓宁说，"我知道你得回去应酬你的客人了。"

他们来到鲍尔的办公室坐下，兰尼打开笔记本电脑，抽出一张磁碟，说："这里面有我为这次拜访准备的一个小小的案例，有两种格式的版本，Access 格式和纯文字格式，请你试试能否输入英达逻智软件中？"

鲍尔微笑着说："没问题，丹宁什，你可以照办吗？我对这个案例的细节倒很好奇呢。"

丹宁什将磁碟插入计算机，将文件输入英达逻智软件中，然后启动显示选项，兰尼向他们解释一些细节。

鲍尔了解到案例的复杂性，笑着说："看来你给我们准备了一个非常有趣的案例，我很喜欢。"

兰尼解释："这个案例并不是虚构的，是我 20 年前工作过的一家公司的浓缩版。当然，当时的计算机系统相当原始，所以，我必须清楚所有细节，才能使系统正确运行。现在，在我们开始之前，我想搞清楚，我会从软件得出什么？"

丹宁什回答："首要目标是考虑物料供应、产能制约及工具是否齐备，确保客户所订的货物都能准时运行，这是最重要的目标。"

他启动程序，几秒后，屏幕上就闪动着一行行数据。

鲍尔自豪地说："只是一眨眼工夫，优化程序就处理了所有数据，为所有产品、物料及工作站提供了最佳而最实际的排程，具体指出了谁应该在什么时候干什么。现在显示的是摘要，可以看到执行该排程所得的结果。"

兰尼似乎不太满意，这个案例数据不多，而当今的计算机功能又这么强大，能让他印象深刻的不会是速度，而只能是运算的结果。

他小心倾听着丹宁什进一步解释。"这里，"他指向屏幕左方，"是优化程序找出的三个瓶颈，换句话说，这三个工作站的产能不足以准时完成所有订单，因此，除非我们增加产能，有些订单将不能按承诺完工期交货。"

"至于这里，"丹宁什指着屏幕右方，"是新的主排程（Master Schedule）和更新后的完工期，这两行闪动的数据显示两张不能准时交货的订单。你看，一张要推迟 4 天，另一张要推迟几天。"

"这就是软件最大的优势之一。"鲍尔自豪地说，"它能够提前告诉你，你将面对什么问题，令你有足够时间采取行动矫正。"

兰尼把身子向前倾，以便看清屏幕上显示的资料。过了片刻，他说："我看到大部分订单将会提前完成，有些提前很多。"

"没错。"鲍尔说，"优化程序尽量减轻产能不足造成的影响，仅仅影响那两张订单。"

"但是，"兰尼喃喃自语，"我们能不能这样安排，比如说，这张订单不要提前那么多，从而利用腾出的产能减少那两张订单的延误？"

"当然不能。"鲍尔一口否定，"这已经是最佳而最实际的排程了。"

"我怎么知道呢？"兰尼问。

兰尼晓得，定一个排程并不是什么大不了的事，要定一个好的排程才难。数学家们宣称，定一个最完美的排程，是当今世上仍然无法解决的难题，也许这正是英达逻智公司只敢声称他们提供的是最佳而最实际的排程。既然"实际"二字尚未有公认的定义，他们这样宣称还可以勉强说得过去。然而兰尼要的是一个好的排程，所以他不打算只听信他们的片面之词。

一如他所料，回答这个问题的是丹宁什，但他的答案不是他预料的。"你是不是要我将所有工作站的详细排程列印出来？"丹宁什问，"你是不是想亲自核实一下，要改善那两张延误的订单而不损害其他订单，是不可能的？"

兰尼不喜欢丹宁什的提议，事实上，他认为他在明目张胆地愚弄他。兰尼压抑着不耐烦的情绪，说："即使我这个小小的案例，已有足够的变项可以产生像天文数字那么多的可能排程。我要花多少时间才能完成你建议的做法呢？一年？"

丹宁什不作答。

兰尼很不高兴，是他们宣称英达逻智软件出的排程是最佳而最实际的，兰尼理所当然地期望他们能证明一下，而不是要他进行一场无结果的追逐游戏。

兰尼意识到，丹宁什和鲍尔将不会提供方法真正验证他们的软件，除了自己动手，他别无选择。

"软件是否考虑到了因机器维修而停机的情况？"他问。

"当然。"鲍尔说，"英达逻智软件可以按你的任何要求处理维修事宜，这是我们软件的一个强项，它可以真实反映任何工厂的状况。"

"那么，为其中一个瓶颈安排一天的维修，不成问题吧？"

"完全没有问题。"鲍尔向他保证，然后，他意识到兰尼希望马上示范给他看，示意说："丹宁什？"

丹宁什没有马上输入指令，反而说："对付那两张延误的订单，我们应该增加产能才是，而你要我做的却恰恰相反。"

"我明白。"兰尼说。

丹宁什似乎想争辩，但他看到兰尼坚定的表情，只好转向键盘。

"我预料见到的是，"兰尼说，"瓶颈损失了一天，会令那两张延误的订单再延迟一天，而一些提前完成的订单也不会那么早完成了。"

"运算完了吗？好，让我们看看结果吧。"

两张延误的订单的其中一张不再延误，但有另一张订单延误了。

兰尼脸色一沉。"能否解释一下？"他问丹宁什。

"你从瓶颈拿走了一个工作天，这就是结果。这是你设定的情况下所能得到的最佳排程了。"丹宁什直白地说。

"丹宁什，你一直在告诉我'这是最佳的'，但是你没有给我任何证据，只是一再声称。当运算的结果不对劲时，我还怎么能够相信你的话呢？看，这些数据还没有包含订单的金额或各客户的相对重要性，但是，每张订单的完工期被搬来搬去，却没有合理的理由，你能否解释一下？"

鲍尔出手相救，说："兰尼，这正是这个软件的妙处了。它针对维修所损失的时间，订出新的排程。由此可见，当事情不按原定计划进行，当你因突发的事件损失时间时，你可以再用英达逻智软件运算一次，得出新的排程，它会告诉你赶上完工时间的最佳途径。当然，如果出现太多麻烦的话，你可能要安排加班加点，英达逻智软件会提示你这种需要。"

兰尼已经受够了，说："听着，别再愚弄我了！我想检验排程的质量，而你们却回避我的问题，给我的只是推销的说辞！你们可以实话实说吗？我可不是你们要说服购买软件的销售对象。"

"你比一般销售对象可重要多了。"鲍尔试图安抚兰尼，"我们知道，你不是为了买一套我们的软件而来的，你若是想买，就会买整家公司了。"

"那么，你们不愿意被收购吗？"

"恰恰相反。"鲍尔一本正经地说，"没有比成为百万富翁更愿意的事了。而且，我也期望能为一家有无限资源投资于未来开发的公司服务。"

"如果是这样，"兰尼平和地说，"就让我给你们一点儿建议吧。"他直视着丹宁什，说："请对我尽可能坦白。"

丹宁什的脸红了。

"就让我们实话实说吧。"兰尼说，"是什么令你有信心认为英达逻智软件算出来的排程称得上好呢？"

如果丹宁什在运算法则上兜圈子，兰尼就决定放弃并告辞了，其他 APS 公司还多着呢，但结果他这一天总算没有白跑，丹宁什不再试图放烟幕弹了。

"有两个原因。"丹宁什回答，"第一，我花了很多时间跟英达逻智软件对垒，现行版本每次都击倒我，我知道这说明不了什么……"

"这说明很多呢。"兰尼鼓励他，丹宁什的脸色渐渐恢复正常了。"第二个原因呢？"

"我将运算结果跟其他 APS 产品做比较,大部分那些软件根本望尘莫及,没有一个可以得出更好的结果。"

丹宁什用什么标准比较各软件,这点兰尼并不清楚,但是从他的身体语言来看,他说的似乎是他的真实感受,这对兰尼来说已经足够了。英达逻智软件的排程并不是最好的,但大概是任何 APS 系统所能提供的最好的结果了,这样够好了吗?它们能否为用户带来足够价值呢?

"丹宁什,能否解释一下,为什么第二次运算的结果跟第一次差别如此大?"

"那正是这个怪兽的本质。"丹宁什回答说,"你看,优化了的排程是指什么?我们尝试将所有东西尽可能排得密密麻麻,这是增加产能使用率及缩短完工时间的唯一方法。所以,当一个资源完成一个任务后,软件马上尝试安排它开展另一个任务;当工作单上的一个任务完成了,软件就安排工作单上的下一个任务尽快开始。"

"现在,你可以看到,改变运作因素将会产生什么后果。就让我们假设,改变只是很轻微。例如,有一张工作单延误了一点儿,这个变动就会传播到其他工作单和其他资源。简单来说,由于让资源闲着不划算,本来受命处理我们工作单的资源现在被分派到另一张工作单了。同一原理,本来分派到我们工作单下一个任务的资源也得变了,以此类推,变动蔓延至整个系统。"

兰尼来这家公司之前,就知道这些了,因此他不难得出以下意义深长的结论。"这意味着,备用产能越少,排程就越不稳定。"

"很遗憾,事实的确如此。"丹宁什点头认同。

兰尼决定继续，正如他预料，APS 软件所定的排程都不稳定，也不是最"实际"的。很多工厂正在实行的那些为应付需求和突发事态而产生的排程，也正受这些问题困扰。所以，英达逻智软件仍然有可能为工厂带来效益。为检验这个想法，兰尼必须令鲍尔和丹宁什保持开放及坦诚，尤其是丹宁什。

"我们相信英达逻智软件是当今最佳 APS 产品之一，"兰尼说，"请不要误解我下面的问题，我不是故意挑剔英达逻智软件，而是诚心尝试了解 APS 产品的价值。"

"我们理解。"丹宁什大方地说。

"我知道，在大多数情况下，用户会增加产能，直至所有订单都能安排在承诺交货期或之前完成，对吗？"

丹宁什现在变得很小心了，他说："没错。"他怕兰尼误解他的意思，又澄清说："当然，用户不会疯狂增加产能，令所有订单都能提前完成，产能只会增加至大部分订单能准时完成或轻微延误。别忘记，英达逻智软件的第二个目标就是提高现有产能的使用效率。"

"我也是这么想的。"兰尼说，"现在我们知道墨菲定律是存在的，我们不能期望事情会不偏不倚地按计划进行，生产线上的事故是经常发生的，而……"

"当然。"丹宁什打断这串重复的话，"这就是现实。"

"既然如此，"兰尼继续说，"你们的排程可以说是合乎实际的吗？"

"你的意思是？"鲍尔问。

"如果至少有一张订单，或者很多订单，被安排恰好在承诺交货期那一天完成的话，"兰尼解释，"那么，由于墨菲定律造成的延误，它们便无法准时完成。如果是这样的话，英达逻智软件运算出的承诺交货期就不切实际了。"

"嗯，事实并非完全如此。"丹宁什不同意，"大多数用户采用较宽松的预估时间，即把安全时间加到数据中，这些安全时间减轻了问题的严重性。"

"但是，采用较宽松的预估时间不是与英达逻智软件的第二个目标背道而驰吗？这不会降低资源运用的效率吗？"

"还会增加库存及加长完工时间呢。"丹宁什说，附和兰尼的论点，"但是，大多数用户把这个看作权衡，加入越多安全时间，排程就越稳定，但资源运用的效率就越低。"

兰尼现在看到一个可能让 APS 系统带来真正价值的方法了。"丹宁什，"他若有所思地说，"在优化排程方面，你的经验比我丰富得多。把同一长度的安全时间加到运作流程的某一部分，是否会比加到另一部分远为有效呢？"

"是的。"丹宁什肯定地说，"比如将安全时间加到瓶颈之前，远比加到其他部分有效，但是，瓶颈有可能会移动。"

"如果是这样的话，英达逻智软件的用户可不可以先定出他愿意加进的总安全时间，然后由软件将它加到各合适的位置？这样得出的排程会比人工的强多了。"

"不。"丹宁什直白地说，"英达逻智软件不干这个。"

这点太重要了，不容兰尼轻易放弃。"为什么呢？"他问。

"因为我们有更棒的方法处理这个问题。"他扬扬得意地答，"你看，我们没有忽视墨菲定律必然会制造的麻烦，但是我们也不主张加进安全时间。当事故发生，例如，机器坏了，或者某个供应商没有按时供货，用户就应该用英达逻智软件重新运算一次，他将得到一个新的、优化了的排程。"

"优化？"兰尼暗想：我们不是已经确定了，英达逻智软件的排程并没有优化，甚至根本算不上特别出色吗？算了吧，他对自己说，看这家伙还胡扯些什么。

丹宁什继续说："如果事故很严重，软件会建议用户增加产能。如你所见，它会告诉你哪个工作站需要加班、加多少。我们不用安全时间来保护排程，那太昂贵了，我们用备用产能（Safety Capacity）。"

他最后一句话引起了兰尼的兴趣。"这倒是个很有趣的方式。"他评论，并尝试分析，"安全时间必须在事故发生之前加进排程，而事故可能根本不发生，这就意味着，无论墨菲定律有没有出现，代价都已付出了，库存和完工时间都增加了。但是，用备用产能的话，用户只需要在事故发生之后才做出决定，因此他需要多少额外时间，便加多少班，不多不少，真聪明。"

丹宁什露出了得意的神情。

兰尼补充："这可能给所有工厂都带来价值。"

鲍尔现在有足够信心，说："你说得对，这是英达逻智软件的最大优点。每当计划出了岔子，只需用计算机重新运算一次，就可以得到一个优化了的新排程，这是我们最强的卖点。软件运算速度是如此厉害，用户甚至可以每小时运算一次。"

兰尼没有理会鲍尔，说："但我看到一个大问题，如果我没有误解你的意思的话，你建议每次出现事故就重新用软件运算一次。"

"也许不是每次。"丹宁什试图维护他的方法的可行性,"但是,次数越密越好。"

兰尼被一些更基本的东西困扰了。"我们不是说过了吗,情况发生任何变动,哪怕是很细微的,几乎全都会导致排程大变动?"

"是啊。"

"你不觉得有问题吗?"

"为什么有问题呢?"

"因为,每次排程的大变动都会令局部的事故传播到整个工厂。"

丹宁什不做回应。

"这个没有困扰你吗?"兰尼感到很意外,"如果我们设立一个机制,助长局部事故所造成的影响扩散,对整个系统的表现的害处可能比好处多。如果我们容许某处一个细微的涟漪影响工厂中每个人的工作,那就是将偶发的噪讯(Noise)扩大成无可挽救的偏差。我们都知道,我们可能令整个工厂陷入混乱状态,这是基本统计学。"他停下来,望着丹宁什,要他回答。

"我考虑过这点了。"丹宁什说。

"你当然考虑过,那么你的结论是什么呢?"

"你说'我们可能令整个工厂陷入混乱状态','可能'这两个字是你的论点的关键词。"

"是的。"兰尼说,"但是,你知道生产线上的依存关系会令延误累积起来。有很多关于这个主题的论文,所以,令工厂大乱的可能性是很大的,实际上,我越想越觉得这几乎是注定会发生的。"

"不，兰尼，这不会发生。"

兰尼很乐意被丹宁什说服，但他需要证据。

"是什么阻止情况发生呢？是什么把累积的延误拿走呢？"兰尼问，他等待着逻辑证据，或者至少是数学上的证据。

"这种事情根本不会发生。"丹宁什胸有成竹地说，"我们的客户所回报的成绩都非常优秀。"

这 20 年来，兰尼一直在商场打滚。所以，对他来说，这句话是十分有力的。不过他也知道，他必须审慎地思考这个论点。"客户成绩的改善，与用英达逻智软件重新运算的次数有什么关系呢？"他问。

丹宁什没有回答。

兰尼了解到，为了让丹宁什专心研究工作，鲍尔大概故意不让他接触市场的实况，兰尼于是向鲍尔重复他的问题："一个每小时都用英达逻智软件运算一次的用户，跟一个每天只用一次的用户，公司表现改善了多少，有何比较？"

"我不知道。"鲍尔承认，"老实说，我怀疑根本有没有用户会每小时用我们的软件一次，大多数只是每星期一次。"

丹宁什惊讶地望着鲍尔。

嗯，兰尼想，要从头再开始了，他大声问："你们的客户中，有谁回报了优秀的成绩，能不能给我一张清单？"

"当然可以。"鲍尔答应，"我们的销售副总苗勒，就是今天午饭会跟你见面的那位，会给你那份清单的。"他看了看手表说："正是时候，我带你到苗勒的办公室去吧。"

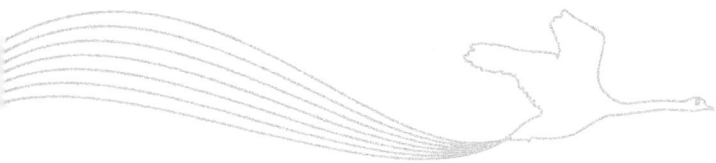

12

过时的运作规则

Necessary But
Not Sufficient

4 天后（7 月 31 日）

兰尼正在从摩亚塑胶公司（该公司是英达逻智公司的客户之一）去往机场的路上。现在是星期五的黄昏，他已经开了两小时车了，和往常一样，他拒绝乘坐出租车，他喜欢在开车时思考，这有助于他集中精神，而现在他必须思考的事情很多。

史高泰提出的解决方案，方向仍然正确，他们必须在 ERP 系统中加入一些东西，令他们的系统为客户，特别是中型企业客户，带来更多价值——盈利价值。但这不是一个可以从外面买回来的模块，比较麻烦，这个星期忙得要命，幸好他终于理出头绪来了，史高泰会感到惊喜的。

兰尼看了一眼手表，时间还早，不到一小时他就可以登上飞机，两小时之后就回到家了。但他不想回家，自从离婚之后，他的前妻得到了女儿的监护权，兰尼已经习惯一个人生活了。其实，他喜欢独自一人，但今晚例外，他现在有那么多话想告诉史高泰，还有漫长的周末等着他。

他拿出手机，给史高泰拨了个电话，是史高泰的电话录音，这可不太好。他拨了史高泰家里的私人电话，这个号码在霸软公司内没有多少人知道。

"喂？"接电话的是史高泰最小的女儿。

"嘿，仙迪宝贝，你好吗？你的虚拟城市最近怎样？你又加了很多东西到'城市 2000'中吗？"

"兰尼叔叔，"听来她很高兴。这不奇怪，孩子都喜欢兰尼叔叔，特别是那些喜爱刁钻计算机游戏的孩子。"我添加了一所大学，你不会相信有多少人想住进我的城市来，已经没有空地盖楼房了，你认为怎样？我是不是应该在附近建造另一座城市？"

兰尼大笑，仙迪继承了她父亲的雄心，总是不满足。"我相信你做得到，问题是应不应该这么做，投资也许会非常高，你有没有想过更好地利用城市的东北部？"

仙迪很想再跟兰尼聊上一小时，但她母亲抢走了电话。"嘿，兰尼，你好吗？我想史高泰今天七点半左右到家，要他给你回电话吗？"

"嘿，戴安妮，你好吗？我想今晚过来，和史高泰谈些事情，你介意吗？"

"求之不得呢，跟我们一起吃晚饭吧。"

"恐怕不行了，我很晚才会下飞机，要八点多，谢谢了。"

"不用谢，干脆来吧，我们边吃边等，今晚的晚餐很特别，我亲自下厨，千万别吃飞机餐啊！"

兰尼一想起戴安妮的厨艺，就直皱眉头，但他晓得最好别跟她顶嘴，而且，他也想和孩子们玩。"谢谢，戴安妮，一会儿见。"

史高泰亲自开门，他看来比上一次见面时轻松多了。

他对兰尼微笑着说："失踪人士终于出现了，进来吧，我早就告诉他们别担心你啦。"

兰尼一副困惑的脸孔。

"你要找个好借口应付鲁杰和马丽。"史高泰提醒他，"这三天来他们一直努力尝试跟你联系，马丽以为你被绑架了，发生了什么大事，竟然一直关着手机，也不给我们打个电话？"

史高泰带领他来到厨房。"顺带一问，你去哪儿了？"

"忙着办你说既紧急又重要的差事，你想听听吗？"

"吃完饭再说吧。"戴安妮在兰尼脸上亲了亲。"孩子们！开饭了！"

好不容易史高泰才把孩子们从兰尼身边拉走，已经晚上十点多了。他们坐在游泳池边，兰尼喝着啤酒，史高泰品尝着人头马，夜色很美，天气不太热，还满天星星。

"嗯，"史高泰开腔。"我最后听到的是，你叫公司三人给英达逻智公司每个客户打电话，接着你跑到哪儿去了？"

"你想知道地址，还是想知道我发现了些什么？"

史高泰举杯示意，"要一针见血，想说什么就说什么吧。"

"好，你知道，我这星期先去拜访了英达逻智公司。"

这两天史高泰一直被紧张兮兮的鲁杰和忧心忡忡的马丽缠着，但他还是忍不住插嘴说："然后你就见鬼去了。"

兰尼显然没有意识到他造成了多么大的乱子，他接着说："我领悟了很多，主要是英达逻智公司根本不知道他们的软件如何带来盈利效益，不，这个说法不太准确，情况远比这离谱。开发部的人以为他们自己知道，然后销售人员便像鹦鹉一样重复着开发部的话，但没有一个人费心去了解他们的客户究竟发生了什么事。

"你能相信吗？他们从来不问自己那些最基本的问题，例如，客户使用他们的软件后平均投资回报率是多少。"

"兰尼，你为什么觉得惊讶呢？我们不也是如此吗？一个月前，我们也不知道我们的产品跟客户的盈利有何关系呢。"

"但他们强调的是盈利价值。"兰尼争辩，"他们应该知道得更多才是。算了，让我说下去，我见了他们的销售副总，他是个滑稽的家伙，他对他们的产品知之甚少，但他试图用笑话来弥补。"

"你是指你听了他的笑话后大笑了？"

"现在想起来，他说的笑话一个也不像样。总之，我告诉他，为了交差，我需要一份他们的客户清单，他并不感到意外。然后我补充说，清单要注明每个客户实际的投资回报率，或者至少是预期的回报率，他差点儿从椅子上摔了下来。"兰尼咯咯地笑着。

"我也会这样的。"史高泰坦率地说。

兰尼笑着继续说："这个滑稽的家伙毕竟是销售人员，他很快便恢复了镇定，他说他已经给我准备了一份最好的推荐者清单，然后他把清单交给我。8个客户！就那么多，他们的客户可是数以百计呢！当然，我逼他交出整张清单后才肯罢休，我亲自打电话给那8家公司，那份长长的清单我则传真回公司，叫同事协助调查。"

"我已经看过那份清单了。"史高泰说，"我还看了你给他们准备的那些问题。"

"只有两个简单的问题。"兰尼对自己发起的首个市场调查十分自豪。"你们多久使用英达逻智软件一次？还有，你们是否认为用了该软件让你们多赚了钱？如此而已，你看过调查的结果吗？"

"还没有，我想你给我一点儿惊奇。"

"好，我拿着那8家公司的清单，一一打了电话，得到了很大的启发，他们都说正在使用英达逻智软件，而且很喜欢它，只有5家公司说使用该软件让他们多赚了钱，5家之中只有3家的成绩显著。"

"另外给那几百家公司的电话访问结果又如何呢？"

"情况差不多，当中有 4 家声称取得了显著的成绩。"

"让我猜猜看。"史高泰猜测，"这星期剩下来的时间，你都用来拜访这些公司。你不知道，这些拜访应该在几星期前就预先安排好吗？"

"其实，这正是那个滑稽的家伙说的，不过无知有无知的福啊。"兰尼咧嘴笑着说。"我要求他打电话找他们，解释我的来意，并告诉他们我何时会到。一切顺利，这些公司对英达逻智软件都很满意，并更乐意吹嘘自己取得的成绩，我得承认我放弃了一家公司，在马来西亚的一家，所以，我只拜访了 6 家。"

"3 天之内？这个结果还不错呀，考虑到你所走的路程。"

"确实不错，不过让我说说更有趣的部分吧。这 6 家公司使用软件的方式都和英达逻智公司所预期的不同！而且，他们都说实施该系统花了不少时间——不是因为技术问题，而是因为他们需要为如何使用软件达成共识。你在听吗？"

史高泰笑了。"啊，我听着呢，不过我并不感到惊讶。"

"你不感到惊讶？"兰尼十分诧异。"我当时却很愕然，我简直不相信自己的耳朵，事实上，这 6 家公司都告诉我，他们不得不重新考虑他们整个运作方式，不得不改变一些最基本的运作规则。"

"当然了，"史高泰微笑说，"这正如我所料。"

兰尼受不了。"我不明白你是如何料到的，除非你有超能力。"

史高泰假装在抽一支无形的烟斗。"这是小儿科，我亲爱的兰尼，只是常识和不错的记忆力而已。"

兰尼微笑着说："又来了，又要来你的著名分析了。好吧，说来听听，不过请说得慢一点儿。"

"你不想先把你发现的告诉我吗？"

"不。"

史高泰摇动他的杯子，尝了一口酒。"一项新科技在什么时候才能带来价值呢？"他以一条修辞性的问题开始。"我们预计，只有当一项新科技令我们冲破一个现存的限制（Limitation）时，新科技才会带来效益，这只是常识而已。"

"对你来说也许是，你的意思是什么？"

"如果这项新科技不能减轻任何限制，它就没有可能带来效益，你同意吗？"

兰尼不急于认同，他还在搜寻史高泰的论点有何漏洞。但是，他能想到的每个例子都证实了这个论点。

史高泰意识到兰尼其实已经认同了，他继续说："与此同时，如果某东西是个限制，那么，根据定义，减轻它就会带来效益，否则它就不是一个限制了。所以，我宣称，只有当新科技冲破一个现存的限制时，它才会带来效益。我可以继续吗？"

"请便。"

"现在让我为我的论点建立另一个支柱。同样明显的是，我们面前有一项新科技，就意味着有一个现行的限制已经存在相当长日子了。现在，问问你自己，我们是怎样在这个限制下生活的？"

"一定是我们的惯例、我们的习惯、衡量基准、运作规则等承认及容纳了那个限制。"

"你现在把我搞糊涂了。"

"不，我没有。不过如果你要我举例，我给你一个例子吧。

假设马丽交来一封信，要我签名，然后发给 20 人，而我发现信上有些地方出错了。20 年前，当我们还在用打字机和复写纸的年代，我不会指望这封信能在 1 小时之内发出去，就连马丽也无法办到。"

"我不会指望她能在 1 小时之内把信发出去，也不会因此而认为她的表现差劲。我说我们的习惯和衡量基准承认及容纳了一个既定的限制，就是这个意思。"

他看见兰尼还在琢磨，又说："我们的习惯和运作规则容纳一个既定的限制，和我们作为人类，了解到某个限制是一个限制，两者不应该混为一谈。"史高泰了解到他这句话无助于进一步澄清事理，便马上解释："比如说，20 年前，我不会认为打字机是一个限制，一点儿也不会。事实上，如果当时有人跟我说，有一天我将能自己动手修正这封信，并在 5 分钟之内复制好 20 份，我肯定会笑个半死。"

"我明白了，"兰尼说，"继续吧。"

"现在，我们安装了某个新科技，假设安装很成功，限制被减轻了，但是，如果在新科技安装过程中，我们忽略了改变相关的运作规则，仍然用旧的运作规则，即那些假设限制仍然存在的运作规则，结果会怎样？"

"那么，这些运作规则本身就会构成一个限制。"兰尼说。

"一点儿没错，那么我们能从该项新科技得到什么效益呢？"

"我不知道。"兰尼回答，"要看看是什么科技及它的用途。不过，我明白你的意思了，如果我们不一并改变运作规则的话，肯定无法取得全部的效益。"

史高泰仰望着天空，仍然假装在抽那支无形的烟斗。"兰尼你看，科技是一个必备条件，但仍然不足够，我们要从安装新科技中获益，就必须同时改变那些承认现存限制的运作规则，这是常识。"

"史高泰，"兰尼平静地说，"你忘记了一点，不改变运作规则就无法取得全部效益，这点我接受。但是，也许我们能得到99%的效益呢？这样的话，你刚才说的只能算有趣，但没有实质意义。"

兰尼将杯子里的啤酒一饮而尽，说："所以，要说服我相信新科技是不够的。你还要证明，不改变运作规则，我们就会损失大量潜在的效益，而我看不出你如何能提供这样的证明。"他起身，走进屋子去取另一杯啤酒。

两分钟后，兰尼回来了，手里拿着一杯冰凉的啤酒。"我在你的论述中找到了一个真正的漏洞。"他对史高泰咧嘴一笑，"谁说我们没有改变运作规则？每次实施一项新科技，我们都会改变一些运作规则。拿你的例子来说好了，以现今的科技，你当然指望你的信会马上改好，立刻发出去。"

史高泰仍然倚在长椅上，仰望星空。"你是否还记得我们刚创业的时候？"他回忆着。

"我们有一个很棒的产品，是市场上最早期的 MRP 系统之一，程序差不多全是你亲自编写的，头 50 套产品中有一半以上是我卖出去的。那是当时的新科技，威力强大的新科技，而解释它的运作远比现在容易。"

"我们的软件针对的是什么限制，我们的潜在客户都很清楚，你还记得吗？用人工计算'净需求'是多么费时费力？他们得查看每张订单，首先要弄清楚成品库中已经有了多少库存，然后还要看看产品是怎样制造的。确定部件和物料的需求量，然后扣除生产线上相关的在制品。到这个时候才能知道还要发放多少物料到生产线上去。"

"还记得他们要动用多少人力进行这个工作吗？一个 300 人的工厂中，至少需要 20 人做物料管理，由于工作是如此繁杂，运作规则就定为每个月只计算'净需求'一次。这是一项不成文的规则，但几乎每个工厂都有这条规则，每月只计算'净需求'一次。尽管这会令库存增加，还会延缓对新订单的反应，但别无选择，对大多数工厂而言，每月计算一次实际上已经是极限了。"

"然后，新科技诞生了，有了计算机和我们的 MRP 系统，本来要 20 人做好几天的工作，突然能在一夜之间完成。好一项新科技，还记得吗？"

兰尼知道史高泰想引他进圈套，但怀旧的思绪令他叹息。"我当然记得。你想表达什么？"

"我想表达什么？"史高泰仍然凝望着繁星，说："我想说的是，我们大多数的客户并没有对结果感到特别兴奋。没错，计算所需的人手减少了，但却需要更多的人手维持计算机数据的准确性。失望是那么大，以致我们的行业出了著名的'A 级用户'这个名称，即一些被捧为模范的用户，让其他人知道什么做法才是对的。这些公司采取实际行动令数据准确性超过 98%，并进行了'适当的'培训，教人们处理独立和依存的需求、最佳批量及其他不着边际的东西。

"回首从前，这是多么荒谬可笑，我们的客户没有得到多少效益，你知道原因吗？兰尼，动脑筋想一想，不是因为他们的数据不够准确，也不是因为技术培训不足。"

"你差不多认识我们当年所有的客户，包括那些不停地抱怨软件臭虫的，还有少数对成绩非常满意的。那些少数满意的客户宣称，库存大幅减少了，准时交货率也大幅提升。那么，请你告诉我，"史高泰紧逼："为什么只有那么少的客户获得真正的效益？"

史高泰见兰尼不回答，便说："因为，即使有了我们的系统，大多数客户仍然每个月只计算'净需求'一次。"

"你说得对。"兰尼大笑说："我简直无法相信。"

史高泰总结："科技去除了限制，但旧的运作规则却丝毫未动。兰尼，别笑了，我们也有责任，我们也没有发觉这一点。如果我们发觉了，我们就能卖出更多系统了，我们也和别人一样。"

兰尼平静下来了，问："这么显而易见的事，为什么没有人察觉到呢？"

史高泰也没有答案。"我不知道。"他说，"但同一个问题也发生在我们的 ERP 新科技上，我们的 ERP 系统减轻了什么限制呢？"

"我想说，是它大大加强了企业运作的透明度。"兰尼答道。

史高泰微笑说："我最近对这个词语有点儿过敏，就这样说吧，减轻的限制是——需要在信息不足时运作的情况。"

"用了我们的系统，客户需要的资料就唾手可得了。"兰尼同意。"不管企业的规模多么庞大复杂，我们提供的是一个涵盖整家企业的系统。"

史高泰继续说："我们的 ERP 科技大大减轻了那个限制，但那些运作规则、习惯及衡量基准呢？"他停顿片刻，然后回答自己："我怀疑，我们的客户正在奉行的很多运作规则仍然是基于旧的限制的。就拿我们在史坦工业集团所见为例吧。玛姬对他们放弃追求本单位效率的做法大为赞赏，这条运作规则要求每个资源不停地生产，而不管下游需不需要他们生产出来的东西。我们面对现实吧，这条运作规则在当时资料不足的情况下也许是必需的，但现在恰恰阻碍着企业获得效益。"

"嗯，一如既往，你的分析一语中的。我拜访的每家取得盈利效益的企业，无一不改变了运作规则，他们不企图在每个工作站都达到高效率，他们不认为工作单越早发就一定会越早完成，也不认为批量越大越好。"

史高泰很高兴，但还有另一个问题困扰着他。"他们用什么来取代那些旧的运作规则呢？"他问。

"据我所见，可以用某种形式的'鼓–缓冲–绳子'来取代旧的运作规则，我指的不仅仅是运作规则，而是整个管理取向。有些部分我也说不出名堂来，但他们基本上就是这样做的。"兰尼回答。

"就像史坦工业集团那样吗？"

"基本上是的，但更为复杂，不及这个集团有效。没有哪家的表现能比得上费殊，这也难怪，没有一家有独立的控制系统进行缓冲管理。"

"为什么？"

"因为英达逻智软件没有提供恰当的时间缓冲。"

"我想弄清楚，你是说，我们粗糙的 MRP 模块加上你为费殊所做的改动，运行起来比那些复杂的 APS 系统还要好？真难以置信啊。"史高泰既高兴又诧异。

"这其实很简单，只要你听过关于排程不稳定的抱怨，就会明白了。"兰尼解释，"即使他们毫无偏差地依照排程运行一整个星期，下星期重新出的排程还是脱节的，这种情形让你明白把优化集中在制约因素上是多么重要。在其他环节搞优化则毫无好处，反而有害，会令排程不稳定。"

"这正是戴明博士（Dr Deming）教我们的，试图在噪讯之内搞优化，不但帮不上忙，反而会添乱。当系统的振荡限于噪讯范围之内，你贸然去拨弄它只会令波动的幅度增大。"

史高泰并没有假装明白这条统计学法则，相反，他给出结论："所以，我们不用收购一家 APS 公司了，我们……"

"我不是这个意思。"兰尼打断他的话，"我们仍然需要 APS 功能。"

"为什么？"

"因为我们要利用它为瓶颈排程。"兰尼说。

"我认为这易如反掌，用人工排程也可以。"

"其他工厂不一定像费殊的工厂那么容易进行。"兰尼见史高泰还想听下去，便详细解说："以灌溉科技公司为例吧，这是英达逻智公司我曾探访过的一个客户。它受两个复杂的问题困扰，它的瓶颈是一个有 15 台机器的工作站，这些机器的性能重叠但不相同，有些只能处理细小的部件，有些不能处理软性金属等。

另一个问题是大部分产品都要经过工作站不止一次，这个组合用人工排程相当麻烦。

"我见过的另一种复杂性就更难靠人手处理了。以一家生产特殊塑胶的公司为例。在一个负责添加颜色的工作站，从生产一种黑色组件转为生产另一种黑色组件，中间需要 5 分钟调校机器；但由生产黑色组件转为生产白色组件，可能要 5 小时，你差不多要把机器全部拆开清洗，才不会把白色组件弄成灰色。这就是他们所谓的依存的转换时间。

"他们当然会尽量先生产完一种颜色的组件，然后才生产另一种颜色。这不是难题，但当下游一个负责处理这些组件的工作站也有'依存的转换时间'的话，问题就复杂得多了。遗憾的是，下游的依存关系不是由于颜色，而是由于其他因素，如平滑度或宽度，那么，我们面对的两个工作站，各自有其偏爱的次序。如果你根据第一个工作站的偏爱次序排程，第二个工作站就需要花大量时间进行转换，甚至会因此成为巨大的瓶颈。但如果你根据第二个工作站排程，第一个工作站就会变成瓶颈，你明白吗？"

"我明白，你只需要一个聪明的运算方法为瓶颈排程。"史高泰平静地说："我只明白这点，我也只需明白这点。那么，兰尼，你有什么建议？"

"让我们收购英达逻智软件公司，并小心地将软件融入我们的 MRP 模块，确保只优化瓶颈，将缓冲加插至正确的位置，以及加入一个上佳的缓冲管理功能，这不太难的。"

"我们真的需要为此收购英达逻智公司吗？"

"是的，收购了它，我就可以决定其软件的哪部分可用于霸软公司。英达逻智公司有优秀的软件开发人员，他们看到我的分析后，在很短时间内便能把程序写好。你想想，我刚才描述的要求那么复杂，我们要花上几个月才能把程序写出来，而这个他们早已有了，我们可能只会用上他们现有程序的 20%，但那 20% 已物有所值了。而且，我还可以动用他们的人才，人才难求呀！"

"好，我同意。"史高泰说："我的下一个问题是，谁去协助客户更改运作规则呢？"

"我不知道，"兰尼答。"但是，史高泰，根据我这星期所见，费殊的个案并不特殊，很多公司已根据新的规则运作，这个做法合乎情理，很多其他公司也想这样做，却找不到适合的系统来支援他们。而且，现在有很多主张 TOC 制约法的顾问，或者我们可以借助他们。"

"所以，问题在于我们。"史高泰总结说。

"什么意思？"

"兰尼，只靠我们双手支撑市场，实在不行。嘉露和她底下的人过于习惯出售科技了，要说服他们改为出售价值，真的不容易。"

"我也留意到了。"兰尼同意。

"而玛姬也会是一个难题，她对于任何有关改变企业文化的建议都有敏感症，而我们说改变基本运作规则，就是要带动企业文化改变，你明白吗？最大的障碍并不是市场或产品，而是我们，我们有何对策？"

"谢天谢地，这是你要解决的问题。"兰尼瞄一瞄手表，说："是该回家的时候了，我可真累得要命。"

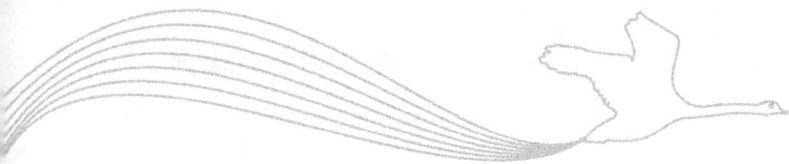

13

高尔夫球场上谈笑用兵

Necessary But

Not Sufficient

64 天后（10 月 3 日）

"柯雷，这一杆你打得很好。"玛姬说，"看样子是 250 码。"

柯雷喜形于色，把一号球杆放进球袋中，说："这一杆比第三洞的左曲球好多了，真不知道那个球飞到哪里去了。"

"那些树林颇茂密，我较幸运，只需要在树林外围找球。"

皮亚高公司邀请了玛姬参加他们管理层的休闲聚会，请她为 ERP 项目的最后阶段做一个半小时的简报，正如所有行政人员都知道的，管理层休闲聚会是打一场高尔夫球的最佳借口了。

天气异常晴朗，阳光灿烂，天空中一片云也没有。微微的海风吹来，在暖和的天气下进行高尔夫球友谊赛，最惬意不过了。柯雷的两位事业部副总白礼仁和斯丹跟他和玛姬一起打球。

"不，你们两位先来吧。"玛姬向他们打手势。"我不介意迟些再击球，反正你们在女士发球台也无处可躲，当然，我不是信不过你们。"

"当然。"白礼仁和斯丹同声回答。

每人都打出中规中矩的一杆后，大家一同步行到女士发球台，玛姬全神贯注，挥动球杆一击，打出漂亮的 200 码第一杆，球直飞球道中央。

"你也打得不错呀！"柯雷说，"看来你打得比白礼仁更远。"

"球座如何放置是很重要的。"玛姬甜甜地笑了。

"我真的很不喜欢击球越过水池。"她一边说，大伙儿一边沿着球道走，球童紧随在后。"斯丹，我早就想问你了，现在系统已经稳定了，你的事业部近况怎样？"

斯丹拿起他那难闻的雪茄,深深地抽了一大口,然后说:"老实说,我看不出什么改变。"

"斯丹,别这样吧。"柯雷说,"不要为难玛姬了,我刚告诉了她,你事业部的库存至今已减少了 3 000 万美元。"

斯丹耸耸肩,回应说:"对,确有其事,但你仍不能令我相信这是霸软公司的功劳,我们自己做了很多工作帮助降低库存。"

玛姬语带幽默地说:"我们都知道成功有很多个父母,只有失败才是孤儿。"

斯丹是个大块头,那种你会与他保持距离的人,除非你想成为笑柄。他是少数激烈反对 ERP 项目的事业部经理之一。现在 ERP 系统运作顺利,玛姬原本希望斯丹会改变主意,但是,有些人永远是老顽固。

他板着面孔说:"你要我找些事情好让你的系统领功吗?好,我承认它带来了一项改变。"

"说来听听。"玛姬表现审慎。

"当我巡视办公室时,"他笑着说,"好像多了很多人坐在计算机前,埋头输入一大堆数据。"

然后他又说:"但我不大知道这有什么用,是谁说计算机可取代文件的?你应该去我们那儿看看,文件比以前更多了。"

"我们的事业部也是这样。"白礼仁附和,"在上星期事业部的例会上,我告诉物料总管,MRP 系统并没有跟随科技进步而改进,MRP 的简写代表 More Reams of Paper(更多令的纸)。"斯丹不让白礼仁抢了他的风头,他挥动手中的雪茄吼叫:"我告诉我的人，MRP 代表 More Ridiculous Priorities（更荒谬的优先顺序）!"步行前往果岭途中，他一直在大笑，令玛姬有点儿厌恶。

斯丹看一看现场环境，说："柯雷，小心球要飞越的斜坡，看来要用点儿力才能避免飞向右方。"

柯雷这一杆打丢了，他冷冷地说："斯丹，这回不幸被你言中了，可能要比标准杆多一杆。"

"我是标准杆。"白礼仁说。

"我也是。"玛姬说。

"我就像一只正在唱歌的小鸟那么逍遥，我是标准杆少一杆。"斯丹说。

大伙儿走向下一个洞时，玛姬说："别说笑了，我是认真的，系统成功实施，成绩也有目共睹，我还希望把结果写成一个案例呢。"

"那就得看你如何衡量成绩了。"斯丹反驳，"我同意。系统的实施没有超支或超时。为能讨论下去，就假设库存降低真的完全是因为你的系统吧，即使这样，我还是认为系统造成的损害比效益大。"

玛姬不知道损害指的是什么，但她知道她不用问。斯丹是爱发牢骚的人，她预料大家到达下一个洞之前，她便会听完整个问题的全部细节。但意外的是，斯丹没有说下去。

"究竟造成了什么损害？"玛姬终于问了。

"预计的销售额上升。"柯雷回答。

她转身望着他。"玛姬，其实都怪我的大嘴巴。"柯雷开始解释，"采用 ERP 系统最强的理由之一，就是它会令预期的销售额上升。这不但会大大提升净利，也很容易证明这便是实施 ERP 系统的成绩。

"多年以来，我们一直无法把货品短缺减至 15%以下，但现在短短 6 个月内，已下降至 10%了。没有人可以声称这纯属侥幸，或者说这是由于我们干的其他事造成的，就算跟我们在这儿一道打球的斯丹也没有这样说。"

斯丹喷出一阵浓烈的烟，柯雷拍拍他的背，继续说："既然谁都知道，减少短缺就意味着更高的销售额，我的理由够强了，所以，我在董事会会议上逼那只狡猾的鼬鼠吞下这一套。"

"但愿我在现场啊！"玛姬禁不住大笑，"看看那个讨厌鬼的表情……"然后，她发现其他人笑不出来。

柯雷叹气说："那是一个错误，大错而特错。"

斯丹低声发了句牢骚。

白礼仁看见玛姬面带惊讶，便主动解释："嗯，那位新董事不只是鼬鼠，更是老狐狸，这个卑鄙的小子见柯雷如此有信心令销售额上升，便问'为什么我们没有更新至年底的销售额预估'，为了面子，我们只得照办，现在可麻烦了。"

玛姬必须问清楚："从你们的表情看来，销售额并没有上升？"

"当然没有。"斯丹大叫，"你知道有多少因素可以影响销售额吗？成千上万！"

斯丹看见柯雷难看的脸色，便举起雪茄说："好吧，我是夸张了点儿，没有成千上万，只是数十个因素吧。我们只上升了 2%。嘿！任何事都会让这么小的改善消失得无影无踪。例如，市场环境变坏，竞争对手挑起价格战，随便你说哪项都有可能。还有，玛姬，上一季我的销售额仍然像堪萨斯州的地平线那样平。"玛姬望着白礼仁。

"对不起，玛姬，我的事业部情况甚至更糟，库存下降，短缺减少，但销售额也下跌超过 4%。"

"玛姬，两位男士，快点儿，还有下一场四人赛呢。"柯雷说。

玛姬看清楚柯雷的球的落点，然后以同一方向击球。

"两位，这个斜坡很厉害呀。"斯丹挖苦说，"想从那儿打进果岭，比登天还难。"

"是吧。"柯雷回应，然后转向玛姬："一起走过去吧，好吗？"

"当然！"玛姬回答。

"柯雷，我真高兴你安排了这场高尔夫球。"玛姬逗他说，"我还以为你只想'吸些新鲜空气'，你不是这样说的？"

"我很清楚你。"柯雷微笑说，"我肯定，在我们打到第 5 个洞之前，你便会问到白礼仁和斯丹的事业部的成绩。"

"我变得这么容易捉摸吗？"玛姬柔声问。

"我们喜欢和 KPI 公司合作，原因不止一个。但最重要的是，你们接到项目后会贯彻始终，这点你们的竞争对手很多都做不到。"柯雷解释，"你的团队为我们的董事会做了一个如此深入的盈利分析后，我知道你们还会继续跟进的。"

"我接受你的解释。"玛姬情绪好转起来。

"玛姬，事实是第一个事业部创出的佳绩并没有在这两个事业部重演。"

"柯雷，你希望我再做些什么呢？系统运行良好，短缺状况也大幅降低，如斯丹所说，很多外在因素都可以令销售额升不上去啊。"

"对，但情况比这个更复杂了，白礼仁很焦急，他有可能令你和我都陷入一个很难堪的局面，或许你可以帮个忙，跟他谈谈吧。"

他们沉默地继续往前走，玛姬心里很不是滋味儿，她不明白为什么自己会身陷这么尴尬的处境，本来还以为能开开心心地度过这个周末，但现在看来，他们正因为一些和 KPI 公司无关的事在责怪她。

球童建议玛姬用四号铁杆，玛姬回应说："你说得有道理。"

球童这么快就看出什么杆适合球手，玛姬很是惊讶。她不熟悉这个场地，听从球童的建议，会让她的成绩有天壤之别，他们知道入洞的窍门，以及要避免哪些陷阱，专家的意见还是要听的。然后，忽然想起某些不愉快经历，她还是告诫自己要小心那些假扮专家的新手。

那是我的错，她想。我就是假扮专家的新手，为什么我提出为柯雷做盈利价值认证呢？

KPI 公司是一家系统集成商，我们干得很出色，但我们不是企管顾问，为什么我要多管闲事，搞一些 KPI 公司并不擅长的东西呢？柯雷根本可以自己动手解决问题，而 KPI 公司就可以袖手旁观，不会让人用一些跟我们毫不相干的事来责怪我们，但我偏偏去为他们做这该死的盈利价值认证，看看我碰得一鼻子灰！

玛姬承诺自己从今以后只做自己擅长的事，不要什么都懂，她的心情好多了。

"斯丹，小心点。"白礼仁叫喊，"果岭上有斜坡。"

四人终于都打进了果岭。"看来这一洞被玛姬拿下了。"斯丹说，"到目前为止，柯雷暂时领先两个洞，但我们仍然有希望。白礼仁，牛排大餐由你来付账会更美味。"

"别过分自信。"白礼仁回话，"鹿死谁手还不知道呢。"

白礼仁在等待打下一洞的第一杆时，对玛姬说："我想跟你谈谈。"

看到她不情愿的表情，他立即说："玛姬，很抱歉，令你以为我们在责怪霸软公司。嗯，可能由于情势所迫，我们向董事会做了不该做出的承诺，而我总不能硬说我满意现在的情况吧。但是，玛姬，你也不能说我的销售额下降和你无关，我很清楚为什么销售额会下降。"

"为什么？"玛姬自然很好奇，禁不住问。

"两个月前，我们为其中一个产品系列做了重大的升级。"白礼仁回答，"那个产品系列很重要，占我们生意的1/4；新产品也很棒，大大改进了原来的产品。当然，我们一开始做广告宣传之后，'旧'产品的需求大大下跌，但问题是我们无法生产足够的新产品。"

"我老早叫你不要太早宣布新产品。"斯丹插嘴，"首先，仓

155

库要有足够的货，才能发布产品信息，这就是我的哲学。谁都知道，你不能从空无一物的仓库卖东西。"

柯雷斥责道："对，斯丹，我们都知道你这条关于库存的哲学，这就是为什么你的库存减得最多——你的事业部的起始库存是最高的。"

玛姬选择继续和白礼仁交谈："所以，你正忙于增加工厂的产能，购入更多的机器，聘请更多的人手。你认为能在年底前提升销售额吗？"

"以我们现在的进度，不能，所以我想跟你谈谈。"

玛姬提醒自己，KPI 公司是系统集成商，这有助于她压抑时刻寻找新机会的本能倾向。"我看不出我们能帮什么忙。"她直率地说。

"也许能够吧。"白礼仁坚持，"让我先解释我要的是什么吧，我的事业部今年没有财务预算去买更多机器或增加人手。"

柯雷说："我已决定，为减轻皮亚高公司的损失，我宁愿白礼仁的事业部达不到销售指标，也不愿见到他们大大超支。"

"所以，我只有一个选择。"白礼仁继续说，"我必须优化我现有产能的运用。换言之，我想安装 APS 系统，而且要快，听说它能带来我需要的额外 20%产能，你可以帮助我们安装这个系统吗？"

"我不赞同这个主意。"柯雷介入，"我们转用 ERP 系统的主要原因之一，就是要取代各部门自行采用的系统，让全公司上下的系统一致，而现在，在我们甚至还未全面实施霸软公司的软件，就已在安插"私用"系统？董事会对此会有什么想法？"

还没有人来得及回应，他继续说："我知道，霸软公司的系统并没有 APS 功能，但我看过报道，知道他们刚收购了英达逻智软件公司，APS 功能已融合到系统中了吗？我们愿意进行测试。"

白礼仁看来不太高兴当测试用的白老鼠，但他没有提出反对，玛姬看得出，他们事前已讨论过此事。

"轮到我们了。"斯丹说，"走吧，你们是打球呢，还是继续在这儿谈工作？"

"打球。"白礼仁回答，"当心我的高超球技会令你受窘。"

一个发展新业务的良机就在眼前，但玛姬也知道当中的陷阱，没有必要为接下一个系统整合项目却因为管理问题出洋相，这样实在不值得。

当他们步向果岭时，玛姬确定柯雷的距离能让他听得见她的话，然后才问白礼仁："白礼仁，你知道怎样利用 APS 系统才能取得真正的成绩吗？"

白礼仁没有回答，她便继续说："你知道必须改变某些基本运作规则吗？例如，你知道你不能继续以效率来衡量工厂的表现吗？"

"什么？"柯雷很惊讶，"我们的目的就是要提升效率啊！"

白礼仁加入讨论："柯雷，别担心，我也没打算加人手，我旨在提高现有人手的生产，甚至还可以同时降低库存，那么，就算效率下降了，那又如何呢？"

"如果你真的能做到这些，我倒无所谓。"

"我觉得你在胡说八道。"斯丹宣称,"但是,一如既往,白礼仁总喜欢追逐流行事物,祝你好运吧。白礼仁,不要忘记我的话,沉迷于那些流行事物会令人焦头烂额的。"

玛姬看不惯这种自说自笑的人。

白礼仁也不理睬他,而转身向玛姬说:"其他系统集成商只把实施 APS 系统视为很普通的系统实施,我看得出来你了解个中的真正难题,那太好了。"原来他跟 KPI 公司谈之前,已查询过其他竞争对手,玛姬心想:那不要紧,我们会更快签订这项合约的,然而她还没有准备好为他提供服务,她已在皮亚高公司付出太多心血了,若因一时不察跳进泥沼中而导致前功尽弃,就太不值得了。

"白礼仁,这些事项都和我的工作有关,所以我必须熟悉一下。但为什么你也知道这么多?"

"因为我的审计专员迷上了 TOC 制约法,他参加了一个课程后,过去半年总是 TOC 不离口,他一谈起来就喋喋不休。"

玛姬和白礼仁一边打球,一边继续交谈。

4 人都打进第 18 个洞的果岭后,斯丹说:"柯雷,看来这个洞也是你的囊中之物,今天你赢了,打得好。"

大伙儿走进俱乐部会所时,斯丹叫嚷:"你们喝些什么?我请客。"

一边喝着饮品,白礼仁问:"玛姬,怎么样?可以助我一臂之力吗?"

"白礼仁。"玛姬说,"我想多问你一句:你真正要在工厂实施的是什么？一个精致的优化程序，还是一个妥善的'鼓–缓冲–绳子'系统？"

"我要成绩，在很短时间内就能达到的成绩。现在离年底只有 3 个月，我已经落后了。"

"目标相当清晰，现在我们谈谈障碍吧。你要了解，员工的培训在这项实施中扮演着极为重要的角色。"

柯雷插嘴："我绝对赞成培训员工，但不要忘记，白礼仁的时间很吃紧，培训员工可否稍后再进行？"

"不行。"白礼仁回答，"柯雷，这是一个截然不同的游戏，我应该如何解释呢？这样说吧，你也知道，我们必须增加 20%的产能，传统的做法就是花费 3 800 万美元添置新机器，多聘请 200 人，但你一定不会批准这笔支出，没关系，反正就算你首肯，我也不可能在年底之前赶得及将新机器投产并提高今年的业绩。

"所以，我们现在尝试另一种方法，那就是废除传统，不企求在几个星期内增加我们急需的 20%产能，而且我们不仅要改变传统的运作规则，还要改变衡量基准，玛姬刚提到效率，就是要改变的方法之一，不用我说，你们也知道改变衡量方法我们需要多谨慎吧。"

"你真的要这样做？"斯丹很愕然。

"是的，听起来好像很疯狂，但我不是呆了，我可以在计算机上安装任何我需要的系统，这毫无困难。但如果我真的要取得成绩，便要做得比这个更多，只有当全厂所有人，从机械工到厂长，全都理解为何要改变，为什么改变是合理时，我们才会成功。

这就是玛姬所说的员工培训，这一步必须在用计算机帮生产线做出排程之前就完成。"

柯雷表示理解及认同。

"正如我所说，"玛姬说，"KPI 公司不是管理顾问公司，我们不会负责这项培训，那么谁会？"

"我的人。"白礼仁信心十足地回答，"他们为这件事已经准备了几个月了，他们能够说服我，当然能够说服任何其他人。玛姬，不用担心，这方面不成问题，软件方面又怎样呢？收购英达逻智软件公司的传闻究竟是怎么回事？英达逻智软件已经融合到主系统中了吗？"

玛姬下定决心，如果她不把握这个良机，史高泰和兰尼将永不饶恕她。

"还未完全办到，霸软公司将英达逻智软件中复杂精致的功能移植成为排程模块的一部分，我们将以一个威力强大的"鼓-缓冲-绳子"系统来做推销，而不是视之为一个优化程序。"

"这正是我们需要的！"白礼仁高叫。

"除此之外，他们还加入全面的缓冲管理系统。"

"好极了。"白礼仁低声说。

"但唯一的问题是它尚未在实验室外测试过，不过，第一家愿意合作测试的公司将获得兰尼的全面关照，你们认识兰尼吧？"

"我们什么时候可以开始？"白礼仁急切地问。

"你想达到今年的销售额预估，对吧？那么我们最好星期一便开始，我们必须保证在月底之前一切都已启动和运行。"

"这就是整个构想的精神。"白礼仁回答。

"等一等，等一等。"斯丹挥动手中的雪茄，说："我想知道发生了什么事？白礼仁，你是认真的？你真的以为把工厂中的东西搬弄一下、安装花哨的系统，便能令产能提升 20%？我不相信这一套，难道你抽了大烟不成？"

"斯丹，我决心达到我的预估销售额，不靠花大钱购买机器或增加人手，而你将会望尘莫及。"

"我看你在做白日梦。不如这样吧，假如你真的能创造出这样的奇迹，我会吃掉我的帽子。不，有个更好的想法，我会邀请玛姬来我的事业部实施这个系统。"

柯雷笑说："你会接受计算机系统？这比白礼仁成功达到销售额预估更难令人相信！"然后，他更认真地问玛姬："按照你公司的标准合约条款，你会根据我们的需要，委派有经验的人员到这个项目中，可以吗？"

"绝对可以。"

"白礼仁，你可以跟玛姬握手了，交易成功。"

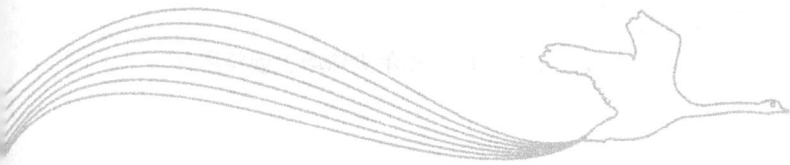

14

出售科技与出售价值

Necessary But

Not Sufficient

86 天后（12 月 28 日）

他们全部集聚在史高泰的办公室里。现在是年底，表面上看来，这是霸软公司有史以来成绩最骄人的一年，尽管面对诸多挑战，他们不但成功保持增长速度，全年盈利还大幅上升了。

然而，史高泰那可怕的预言还是灵验了，整个 ERP 行业风声鹤唳。一个月前，他们一个主要的竞争对手预测这一季会有负增长，另一个竞争对手刚在圣诞节前宣布将裁员 600 人，投资界对此非常震惊。不用说，这两家 ERP 公司的股价大跌，现在的股价只是上个月的 20%。

投资者现在正为一个真正的问题寻找答案——ERP 行业的前景到底如何？眼前所见是不是只是优胜劣汰的过程？还是 ERP 行业已经到了成长的极限？答案极为重要，如果答案是前者，在竞争中正在领先的公司便炙手可热，但如果是后者，那么尽快把手上的股票沽清好了。

"嗯，各位伙伴。"史高泰开始议程，"我们的股价仍然高涨，但上星期只不过是序幕，下星期才是真正的考验。我们必须回答很多审慎的人向我们提出的问题，大家都知道，情况非常敏感，我们必须确保每个人向外界发出的信息都是清晰一致的，任何自相矛盾或畏畏缩缩的发言，都会带来麻烦。"

"我们有清晰的信息要发放吗？"兰尼问。

"问题不在于信息是否清晰，而是我们要选择发出哪条信息。"史高泰信心十足地回答。"选择有两个，我们只能取其一，这可能是我们至今做出的最重要的决定。"

三人静静等待他说下去。

　　"我们正站在十字路口。"史高泰解释，"我们一直都知道，过去 5 年来惊人的增长率总有一天无法维持下去。问题是，我们是否应该决定现在就放慢步伐？或者，我们有没有办法继续保持增长的速度？"

　　嘉露有点儿不自在，说："史高泰，你说得好像事情由我们做主，并不是受市场的客观状况主宰一样。"

　　"对。"史高泰回答，"我深信决定权就在我们手中，我们可以选择保持一贯的经营手法。如果是这样，我们也得承认，我们最重要、最赚钱的市场很快就会达到饱和了。

　　"或者，我们可以选择改变经营的方法，那将是非常冒险的。但是，如果我们有远见、有勇气、有决心去落实变革，我认为市场其实是商机无限的，而且，我们明天取得的成绩将远远超过今天。"

　　他们都默不作声，等候史高泰继续分析。

　　"如果我们选择第一个做法，那么我建议把真相和盘托出。我们没有理由背离事实，明知只能多苦撑两三季，没必要夸口对投资分析员说能长期维持 40%的增长率，现在是调低人们对公司业绩期望的最佳时机。"

　　"我们可以在不损害公司声誉下做到这件事吗？"玛姬问。

　　"可以。"史高泰回答，"我们会对投资分析员解释这个行业的实情，大企业是唯一真正的市场，而在这个市场里，ERP 行业已经饱和了。如果我们能解释得当，公司的声誉应不会受损，而市场占有率也不会受负面冲击。"

　　"我们是一家可靠的公司，拥有庞大的客户群，没有债务负

担，资金也很充裕，公司的生存毫无问题。没错，我们的股价会
下滑，但不久之后，市场将趋于稳定，我想股价将会停在现价的
1/3 左右。但大家也知道，一旦连这个空间也没有时会发生什么
事情。"

史高泰停下来，等待大家发言。

沉默良久，嘉露开始慢慢说出她的想法："真奇怪，我一直
以为减慢步伐，不用背负必须达到下一季预估销售额的重担，会
是大好事。但现在，首次面对这个选择，我的感觉却恰恰相反。"

她语带歉意地说下去："我不知道你们的想法，但我认为，
在没有压力下生活，我是不会感到乐趣的，经过这么多年，我已
经上瘾了。"

"我可没有轻轻松松生活的选择。"玛姬评论说，"我们两家
公司之间的关系就是，即使霸软公司的增长是零，KPI 公司还必
须扩张业务多几年。但是，嘉露……"玛姬微笑以示同情，"我
完全明白你的意思，我们太年轻了，要慢下来会很辛苦。"

"史高泰。"兰尼说，"这个选择完全没有吸引力，另一个选
择是什么？"

"另一个选择就是，说服投资分析员相信我们公司有非常巨
大的发展潜力。就现时情况来看，仅仅保证我们能够保持一贯的
增长幅度，恐怕还不足够。要他们相信我们并非空谈，就必须将
筹码加重。如果要他们相信我们依然是市场中的佼佼者，我们必
须宣布，起码会以年增长 60% 作为目标，而且要让他们相信这是
办得到的。"

"但这是不可能的事！"嘉露喊道。

"如果你认为不可能，那就真的不可能。"史高泰断然回答。"那么我们回到第一个选择吧。"

"但是，史高泰，说说理由吧。"嘉露申辩，"要在一个季度内赚5亿美元已经很不容易了，你还想承诺更高的业绩？"

"没错，嘉露，这正是我要说的。如果我们继续用现行方式经营，当然办不到。要增长，我们必须采取截然不同的战略和战术，我们必须改变。"

"变成什么？"嘉露插嘴。

史高泰果断地说："我们必须从出售科技改为出售价值。"

史高泰的答案并没有令嘉露惊讶，过去3个月已有所谈论，到现在她还是不愿意考虑这个建议，而今又出现了一件令她更气恼的事——市场不景气，总之，她仍然不喜欢这个建议，一点儿也不。

"出售价值，说来很动听。"嘉露平淡地说，"但你可以告诉我它真正的意义吗？"

"我们才刚开始了解这是怎么一回事。"史高泰答道，"在现阶段，我们只知道从哪里着手和到哪里寻找答案。"他继续说："我们有更多时间探讨这个课题就好了，但现在的形势危急，我们必须立即做出决定，而我的直觉告诉我，致力于出售价值会令霸软公司增长起码10倍以上。"

嘉露的职责是接洽生意，光凭直觉是说服不了她的。"你认为我们应从何处着手？你凭什么认为这样做可以达到我们需要的增长数字？"

"我们在上一季已建立了一个稳固的桥头堡。"史高泰回应说。"希望这是个好的开始，玛姬，你可否汇报一下皮亚高公司项目的最新进展？请详细点儿。"

"让我先强调一点。"玛姬说，"皮亚高公司的实施项目是在极理想的条件下进行的，我们不能指望其他公司的条件都会那么好。你们都知道，这项计划在总裁的首肯下执行，事业部副总更视它为保命灵丹，厂长亲自监督员工培训，他们要在很短的时间内取得成绩，压力非常大，他们必须在年底之前令销售额有足够的增长。"

兰尼开玩笑说："不见棺材不掉泪，人们总是得这样才全力以赴。"

"一点儿也不错。"玛姬微笑说，"万众一心，阻力自然就少了。事实上，我没有看到任何人抗拒，兰尼，你同意吗？你每星期起码拜访他们一次。"

"我没有看到任何抗拒。"兰尼证实，"相反，我发觉每个人都非常热心，他们的动员功夫做得实在好。"

"你是否在所有工厂同时启动？"嘉露问。

"不。"玛姬回答说，"我们是在生产新产品系列的两个工厂开始进行的，它们的产能都不够。"

"安装我们新的 MRP 模组，花了多少时间？"

"非常顺利，他们很清楚自己要从系统中得到什么，没有人要求我们让新系统照他们旧系统的模式来运行。真是难以置信，我们开始实施后两星期，就能出排程，并且每天按排程工作，兰尼，我知道你在缓冲管理那部分有点儿麻烦，即使如此，它还是在一个星期后已完全投入运行了。"

兰尼回应说："我们需要加进一些功能，我们编写程序时，很多东西没有考虑到，但这不是大问题，其实应该说是一大乐趣，因为我已经很久没有做过这么有意思的事了。我们不再需要为一些不合情理的要求把系统复杂化。遇到每件事情，所有人都清楚地知道应该做什么。我认为，一切都是朝着一个目标前进——取得真正的盈利成绩，这让每个人都有清晰的方向。"

"我同意。"玛姬说，"我搞了那么多年系统实施，从来没有一次是这么力量集中且迅速的。"

"这有什么奇怪！"嘉露说，"如果我没有记错的话，在你们动手搞之前，他们早已安装了霸软公司的软件，换句话说，这并不是一次真正的实施，你们只不过润饰一下已经存在的系统而已。"

"嘉露，你错了。"玛姬更正她，"你也知道，我们实施 ERP 系统时通常从财务模块着手，MRP 系统排在最后，但在皮亚高公司绝大部分的工厂里，我们连 MRP 系统也没有开始实施。你知道安装软件是多么费时，尽管人们保证他们的数据是如何准确，但事实上从来不是，要整理好那些数据是很费时和困难的。"

"那么区别在哪？你是怎样在两星期内完成这个全面实施的？"

玛姬笑着回答："我必须同意兰尼的说法，当一切都专注于争取成绩，情况就跟以往截然不同了。计算机上有准确的数据并不是他们的目标，盈利才是。"鼓-缓冲-绳子"的妙处在于，它能让你所有的行动都变得高度集中，它能告诉你哪些事情才是真正重要的，哪些只是枝节。"

玛姬意识到嘉露可能无法体会，解释说："他们告诉我们瓶颈何在，我们就一起整理好有关数据，直至系统也得出同一结论。就这么简单，只花了不足两天的时间，我们没有动其他数据，然后就在生产线上正式推行。惊奇，实在令人惊奇，原来这已经够好了，一旦缓冲管理也投入运行，其他瑕疵也被展示出来，我们便逐一纠正。"

"成绩怎样？"史高泰问。

玛姬喜形于色，说："比任何人期望的还要好，那个事业部的副总白礼仁打错了算盘，他低估了市场对他的新产品系列的需求，以为增加 20%产能便能满足市场需求。结果，11 月的产量比 9 月高 35%，但市场需求仍远大于此。不用说，他高兴极了，我们的快速行动让他成功超越今年的销售额预估，所以，现在他成为英雄了。"

嘉露还在消化这段话，她问："玛姬，你是说，我们的系统令产能提高了 35%，是这样吗？"

玛姬爽朗地回答："甚至比这个更佳，12 月至今的每日产量比 11 月更好，再过几天，我们才可以看见对整个月的影响。嘉露，你知道吗？我们开始的时候没有想到的一个因素，就是精益（Lean）生产。"

"你是指那个把全面质量管理（TQM）和及时生产系统（JIT）合二为一的方法吗？"嘉露有点儿意外。"我对它认识不深，但据我所知，精益生产的目的是减少浪费及剔除非增值活动，对吗？"

玛姬回答："对，在缓冲管理下，它发挥的作用就更多了。所有精益生产的建议行动都由缓冲管理所产生的资料指挥。所以，在白礼仁的工厂里，他们不用浪费精力追逐那些含糊的概念，如非增值活动。在他的工厂里，正将精益生产的目标专注于增加产能及加快物料的流动，工厂每星期发掘出那么多隐藏的产能，实在令人惊讶。"

"白礼仁打算把'鼓-缓冲-绳子'及缓冲管理推广至事业部的其他 5 个工厂吗？"史高泰问。

"已经实行了。"兰尼回答，"我们在圣诞节前一星期，已提供了最后一个工厂所需的功能。"

"全部 7 个工厂都正在用新方法运作。"玛姬向他保证，"听好，下星期，我将与白礼仁一起到斯丹的事业部，腾出整个上午会见所有厂长。还有，柯雷希望我们协助皮亚高公司所有 32 个工厂同样实施。发展至这么大的规模，我当初根本没有预料到。"

"对你来说，是大好事。"嘉露说。

"这对大家都好。"兰尼评论。

"当然。"

兰尼从嘉露的语气察觉到她大概还不清楚这对霸软公司的真正影响，他说："有另一件很重要的事想告诉你。"他进一步强调说，"在这些工厂的实施项目给我们带来很重大的正面影响。"

"你是说，除了公司声誉，还有其他的吗？"

"对，你的客户经理有没有向你报告这些工厂的同步用户数？"兰尼问。

嘉露望了望玛姬。

玛姬解释："传统上，工厂带给我们的同步用户不多，你也知道，一家 1 000 人的工厂，有 20 个同步用户已经算很难得了。

但实施缓冲管理后，情况就大大不同了。现在，每个领班和维修服务部的每个人都广泛使用我们的系统。在白礼仁事业部的 7 个工厂里，同步用户超过 600 个，我相信佐治昨天已通知你的客户经理，要出发票请皮亚高公司付钱了。"

"好哇!"嘉露忍不住尖叫。

"我知道你听了一定很高兴。"兰尼说，"局面已跟以前不一样了，对吧？"

嘉露点着头说："那当然了。玛姬，你认为同步用户数大增的情况会不会出现在其他实行缓冲管理的公司？或者仅仅是皮亚高公司独一无二的现象呢？"

"我不认为是独一无二的，兰尼，你比任何人都熟悉这个系统，你的看法怎样？"

"新局面会是普遍性的。"他直直地说。

"同事们。"史高泰说，"我们可以从皮亚高公司的个案中得出什么结论？嘉露，你说说看。"

"就刚才听到的，我仍需消化一下。"她回答说，"但如果我们的新功能确实能对同步用户数产生那么大的影响，那绝对是个好消息。"

史高泰仍然望着嘉露，于是她继续说："你们也知道，我经常说在我们现有的客户群中还存在庞大的市场，很多霸软公司客户的同步用户数都不高。

"在工业生产企业中，员工数目最多的是生产部，往往超过全公司人数的一半，但直至今天，同步用户数却最少。我们在财务部、营业部，甚至采购部的同步用户数都很多，但在生产部从来都少。如果我刚才听到的是真的话，我们就可以利用它赚取更多收入，我们现有的客户群那么庞大，潜力一定很大。"

"我也是这样想。"史高泰同意。

嘉露第一次了解到"出售价值"这个模糊的概念如何演绎为一件极有意思的事，她得重新考虑自己的形势。

当她仍在努力思考时，史高泰继续说："玛姬，你有什么要补充的吗？"

"暂时没有。"

"玛姬，"史高泰又说，"我们现在正面对一个全新的局面，我们其中两个竞争对手已经名誉扫地，被报纸和商业杂志批得一文不值，他们的客户当然很没有安全感。"

"现在我们又知道，ERP 系统的优势并不是在工厂里，例如，MRP 生产模块总是排在最后才被实施。"他停了下来。

玛姬明白史高泰想带出的意思，问："你是说，我们现在有一个不同凡响的建议可以向他们提出？"

"不是吗？玛姬，你在白礼仁的工厂创造了奇迹。你花了多少时间便看见成绩了？6 个星期？8 个？"

玛姬说："比这个还要快，史高泰。但这个例子很特殊，我们不需要劝告他们更改运作规则，是他们自动自觉进行的，我们也不需要进行难度最大的那部分——员工培训，那也是他们自己进行的。"

出乎史高泰所料，嘉露主动回应了玛姬的疑虑。

嘉露说："兰尼花了 1 个星期在英达逻智公司，他回来后，我做了一个市场调查。"

兰尼没有事先知会她，就动用她的人手向英达逻智公司的客户进行调查。嘉露对此很不高兴，她知道跟他理论是没有用的，因为他甚至不会明白她的不满，于是她采取行动，防范再有人入侵她的势力范围。她意识到兰尼和史高泰很快就会问及 TOC 制约法在市场上的认知程度，所以她做了个调查，现在是时候跟他们分享调查所得的资料了。

嘉露说："玛姬，市场对我们的新产品是有兴趣的，包括大企业的工厂，而很多声誉极佳的顾问都是 TOC 制约法的拥护者，我甚至可以用'狂热分子'来形容他们，我准备了一份很长的顾问清单。"

兰尼说："我并不感到奇怪，TOC 制约法的逻辑实在令人着迷，它务实、全面，而且合乎常理，发现这样的东西实在令人振奋。"

玛姬把身子向前倾，点头赞成："经历过皮亚高公司的实施后，我完全明白你的意思。史高泰，回到你的问题，考虑到我们刚才所听到的，我认为你说得对。如果市场已有很多公司实行 TOC 制约法，那么我们就有极大的机会接更多生意，我们应该以那些运气不佳的竞争对手的客户为对象，特别针对他们的工厂下手。我不打算以 4 个星期取得成绩作为承诺，但如果他们认同这个概念并先承诺进行员工培训，我会毫不犹豫地保证在 3 个月内取得成绩，这应该足够了。"

嘉露告诉她："如果你承诺在 3 个月内达到这样骄人的成绩，已经足够了，而且我们还有大好机会快速渗透对手的许多客户。只要进了门，我们就扩散开来，最终取代整个系统。"

她很快地在脑海中盘算。"发展潜力甚至比在现有客户中增加同步用户数要大得多。"嘉露越说越兴奋。

玛姬点头赞同,嘉露继续说:"所以,我们必须跟 TOC 专家们联手搞一个联合简报会。他们负责推销概念,我们则负责推销软件。玛姬,你认为怎样?"

"我看,这正是双赢。"玛姬信心十足地回答。

史高泰微笑着,心里实在高兴,但他知道他们刚才所说的,就长远来说还是不足够,他要他们都能够看清全局。

"生产环节带给我们的发展空间,我们讨论过了。"他说,"但除了生产部,至今我们为客户另外两大部门所提供的东西实在不多,我指的就是工程部和信息技术部。在很多公司里,这两个部门加起来,有生产部那么大,甚至更大。"

兰尼大笑起来。

"这不是很滑稽吗?"他一边大声笑,一边说。他看见其他人惊异的表情,平静下来解释说:"这些年来,我们都是与信息技术人员打交道,他们就是我们的主要联络对象,但我们为他们的日常工作提供了什么援助呢?什么都没有,你们不认为这很滑稽吗?"

"你说为他们的日常工作提供援助,是什么意思?"嘉露有点儿不耐烦。

史高泰以平和的语调插嘴:"工程部和信息科技部与其他部门很不同,他们搞项目,不光是单一的项目,几乎每个人都同时在处理多个项目。我们已懂得怎样改善生产部,想想看,如果我们能够帮助这些'多项目'(Multiproject)的部门,那会怎样?

如果我们能够帮助他们，令项目准时完成、不超支、交付内容一如承诺，我们为客户提供的价值会增加多少？"

"这可行吗？"嘉露认真地问。

"我认为可行。"史高泰回答，"我们运用了 TOC 制约法解决生产问题，而对于多项目的运作环境，也有类似的一套解决方案。上个月，我浏览了所有资料，整个方案的逻辑可以说是无懈可击，就算它的成效只及生产管理方案的一半，也已经极有价值了。事实上，我想在这里试试，就在霸软公司。兰尼，你认为怎样？"

"我们当然可以用我们的程序编写项目来试试看。"兰尼毫不迟疑地说，"还有，史高泰，我本来想给你一个惊喜，但既然你已经提出来了，我就不妨告诉你吧。我们已经在圣塔克鲁斯和印度的开发中心试用，每次我们都以多个项目进行试验。"

"你是什么时候编写项目管理软件的？"史高泰很惊讶。

兰尼微笑着回答："不用我编写，而且我们在圣塔克鲁斯用的软件与印度的不同。"

"可以在市场上买到吧？"史高泰像在下结论。

"是的，我已经调查过了，是小公司的产品，很新。"兰尼沾沾自喜地说，"我们可以轻易把它们买下来，史高泰，让我回答你心中的问题，所有初步迹象显示，这个理论是行得通的。"

史高泰对这点毫不怀疑，问："你认为我们在什么时候才能把多项目模块并入 ERP 系统中去？"

"明年第 3 季应该可以了。"

"嘉露。"史高泰微笑着问，"对于这个产品，你有什么看法？它将打开庞大的新市场：建筑业、软件供应商，当然还有银行和保险业这些多项目的行业。"

"它带来一些有趣的可能性。"嘉露仍然有点儿保留。

史高泰没有紧逼，他转而祝贺兰尼："这回你把我比下去了。"

"风水总得轮流转吧。"兰尼笑着回答。

待情绪平静下来后，史高泰问："你们认为我们应该对投资分析员说什么呢？应该说'前景黯淡、末日将临'，还是说'我们已开始采取行动'呢？"

三人不发一言，只是点着头，脸上挂着一丝微笑。

"我们要给投资分析员一个很好的简报。"史高泰提醒他们。"时间就定在 1 月 2 日进行，假设大家在新年假期不工作，我们只有不足 3 天的时间准备。"

"假期当然要休息。"嘉露说，她想到自己将要筹备简报，便问："你们认为简报应该怎样开始？"

史高泰毫不犹豫地回答："我想应先说服这些投资分析员，我们行业唯一真正的市场是大型企业。我们要让他们看到，传统的 ERP 系统对大型企业有极大价值，对中型企业就不然了。我想他们不明白的，我们以前也不明白。"

嘉露很快就领悟过来，说："我们提供数据给他们，比较向中型企业和大型企业售卖系统所需的时间、工夫和所得的收入，然后，就展示 ERP 系统现今在大型企业市场的渗透率。"

"这样开始有什么好处？我们何不一开始就说清楚我们打算长期进行的计划？"玛姬问。

史高泰回答："我们必须先把难题好好解释清楚，以保证竞争对手无法假装业务一切如常。投资分析员明白了难题所在，对

手就会被质问如何保持业务增长。相信到时候我们会是唯一能回
答的公司。如果投资分析员认同我们的看法，他们就会认为我们
是行业的翘楚。"

"除此之外，"嘉露补充说，"给他们提供一个实实在在的现
况分析，可以赢得他们的信任。"

"到那时候，"史高泰继续说，"他们大概会追问我们的计划，
我们就展示我们的战略：先从现有客户群取得更多生意，继而扩
展至竞争对手的客户群。不过，如果我们只大谈战略，却没有以
事实为根据，他们就会认为我们只是一厢情愿而不加理会，那我
们就注定失败了。"

嘉露连忙接着说："我们要向他们证明，我们已经准备好了，
绝非只是空谈而已。我提议在介绍各新模块之前，先谈谈它们的
功能，并让他们看看皮亚高公司所取得的成绩，这样一定会吓他
们一跳。玛姬，你可否跟柯雷谈谈，取得他的同意？我想引用皮
亚高公司的名字。"

"没问题。他欠我们太多人情了，相信他不会反对。我猜，
他甚至可能愿意直接跟投资分析员谈。"

"那就太好了。"史高泰说，"嘉露，你可否准备一些数据？
估计我们现有客户群的同步用户数会增加多少，又可以从竞争对
手的客户群中吸收多少，并且分国家和季度等列出。"

"没问题。"嘉露回答，"最后的数字，你希望是多少？"

"嘉露，下星期我们对投资分析员说的一切，都一定要如实
办到，所以我们能承诺的最高数字是多少呢？"

嘉露立刻回答："让我查一查再回答你，可以吗？玛姬，这

个我需要你帮忙。"

"我们今天可以一起准备。"玛姬回应说，"如有需要，我腾出明天也可以。"

"谢谢！史高泰，我们不会迟过明天晚上答复你。"

史高泰点点头："要让投资分析员知道，我们并不是在生产管理上孤注一掷，这点十分重要。"

他转过身对兰尼说："我们要好好介绍针对多项目的方案，证明我们有能力拿下整个市场，我会准备一些数据，显示这个市场到底有多大，兰尼，你可以负责准备这个简报吗？"

"你放心好了。"

他们离开了史高泰的办公室，5分钟后，兰尼又回来了。"史高泰，我们忘记了谈最重要的发展方向，中型企业市场该怎么办？"

"你认为我们该怎么办？"

"你这是什么意思？"兰尼激动起来，"我们应该发动攻势！我们的产品这么有价值，还等什么？"

史高泰保持冷静。"发动攻势？何来军队？"

"你是说，我们不能吩咐嘉露做什么吗？"兰尼愤愤不平。

"不是，我们刚才计划实行的，都足以让她每个手下忙一整年了。"

兰尼并不认同："我们可以现在就开展一个大型营销活动，同时招聘更多人手。现在，其他公司正水深火热，要挖走他们的人才，花费不会太多。"

"兰尼，如果这只是人手供应的问题，你可能说得对，但真正问题在于管理层应该专注些什么，同时向太多条战线发动攻势是相当危险的，此外，难道你看不出，我们还未准备好进攻中型企业市场吗？"

兰尼坐下来，沉默了良久才问："为什么说我们还未准备好？"

"兰尼，到目前为止，我们只成功地为生产部提供价值，其他部门呢？单凭我们现在所有就进驻中型企业市场，我们会和APS公司无异，这会破坏我们的形象，我们是一家ERP公司，一个为整家企业提供系统的供应商，我们付出了那么多心血才建立了形象，为什么现在就要把它毁掉呢？"

兰尼想了想，说："我明白你的意思，我们现在有一个会带来价值的模块，一旦多项目模块也就绪，就有两个了。我同意，我们是一个为整家企业提供全面而优质的系统的供应商，为保持这个形象，我们所需要的要远比这两个模块多。那么，史高泰，你认为我们什么时候才算准备好？这个时刻真的会来临吗？"

"要花一点儿时间，但我确信，我们可以开发出一个崭新、出色、由价值驱动的完整的企业系统。"

兰尼有点儿犹豫。"你的信心是从哪里来的？要开发出一个能带来价值的全企业系统，仅仅懂得编写计算机程序是不够的，我们先要弄清楚编写什么程序。"

"这当然了，那又如何？"史高泰问，逼兰尼把顾虑说出来。

"根据我们在生产管理的经验，要编写出好的系统，关键在于以正确的运作规则做指导，我们都知道，要找出错误的运作规则已经不容易，要找出正确的新规则就更难上加难了，我们怎样才能办到呢？"

"我们会办到的，比你想象得还要快。"史高泰向他保证。

兰尼眯起双眼："你是不是知道什么不告诉我？"

"不，"史高泰回答，然后笑着补充说："但是我的脑袋正在想。"

"又来一个福尔摩斯探案式的分析？"

史高泰继续笑着说："不是又一个，而是同一个。兰尼，你有所有资料，你可以想得出来的。"

史高泰看见兰尼面有难色，便不再为难他："错误的运作规则会自行暴露出来的。"史高泰信心十足地说。他接着解释："我们从 ERP 系统中领悟到，在一家企业中，所有部门都是紧密联系在一起的，看看我们要在各部之间交换多少信息就知道了。

"现在我们在其中一个部门做了重大改善，玛姬把它叫作什么？一场文化大革命，由于所有部门都是互相依存的，也由于其他部门并没有改变运作规则，这就会造成不平衡的现象。不用多久，一个部门所做的改善就会跟其他部门错误的运作规则发生冲突碰撞，只要我们多加留意，就可以把这些错误的运作规则找出来，我们只须擦亮眼睛就可以了。"

这个答案并没有令兰尼释然，但在这个阶段，他没有什么新的见解可以提出来。

"希望你说得对。"他叹息地说。

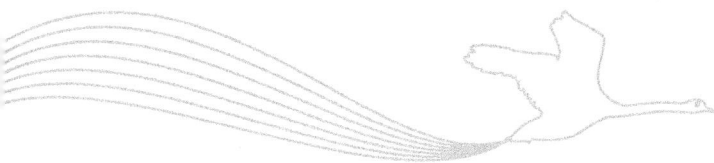

15

请高抬贵手，放慢步伐

Necessary But

Not Sufficient

59 天后（翌年 2 月 25 日）

玛姬的目光从计算机转移到她的助手身上。"柏德历，"她叫嚷，"情况快不受控制了，我们开始失控。"

"我们差不多每天启动 10 个项目，还要怎样？"柏德历十分气馁。他的工作也绝不轻松，为玛姬这种龙卷风收拾乱局，确保所有细节万无一失，从来就不是朝九晚五可以完成的工作。但和过去一个月相比，他以往面对的状况实在是小巫见大巫，柏德历现在一星期工作 90 小时，但乱子还是不断出现。

玛姬也不再精神抖擞，长时间地工作、不断做出重要决定，她吃不消了。"不要夸大！"她吼回去，"我们没有每天启动 10 个项目，你自己看看数据。"

"我已看过了。"玛姬转身面向计算机，在鼠标上按了几下，然后微笑着说："我已说过啦，没有 10 个，这星期平均每天启动 8.5 个项目而已。"

"听你这样说，我真的可以舒一口气啊。"柏德历语带讥讽，他接着说，"在两个焦头烂额的竞争对手中，我们至今只向庞姆公司的客户下手，你也知道，我们还在学习如何正确地向客户提出我们的方案，但至今成绩已不错，上个月我们的成功率是 10%，现在已超过 20% 了。"

"大概到下星期才可以这样说吧。柏德历，让我们把事情弄清楚，对，我们正以前所未有的速度启动新项目，但这些项目大部分是小动作，多数只是在个别工厂进行'鼓–缓冲–绳子'和缓冲管理而已。"

"小动作？"柏德历的火气回来了，"每个项目需要 3～6 人，加上一个有经验的项目经理，还需要跟一位 TOC 专家配合，要启动和监察这些项目可不是鸡毛蒜皮的事，要花很多工夫啊。"

玛姬并不回应，她靠在软绵绵、暗红色的椅子上，凝望墙上的那幅画——史高泰送给她的鸭子图。柏德历被她激怒了，他提高嗓门说："玛姬，你看不见眼前的处境吗？这些项目只不过是试行罢了。"

柏德历很快便平复心情，较平和地说："从各项目的进展来看，在两三个月内都会有很好的成果，绝大多数都会演变成更大型的项目，我们那时怎么办？"他等候玛姬回答，但她没有，他继续说："而且，有部分新项目的规模也不小，我们每隔一天便启动一个全面的实施项目，我们从来没有启动过那么多大型项目。"

"对，柏德历。"玛姬终于回答，"我们遇到了不少良性的问题。"她微笑着问："难道你宁愿情况恰恰相反吗？"

他微笑着回应："我不是这个意思，只是……"

玛姬插嘴说："我们先看看困难在哪里吧，我们有足够人手负责那些新项目吗？"

"有。"他承认，"你跟庞姆公司各系统集成商签订的合约实在高明。"

"我也同意。"玛姬禁不住夸赞自己。她实在值得夸赞，去年年底她联络了专门实施庞姆公司系统的几家公司，庞姆公司是第一家公布总销量下跌的 ERP 公司，它的系统集成商自然急得像热锅上的蚂蚁，玛姬想象得到他们的处境，知道他们担心什么，以及什么条件对他们有吸引力。

与霸软公司不同，庞姆公司依靠几个较小的系统集成商，并从它们之间的激烈竞争中坐收渔翁之利，庞姆公司降低向客户的出价，却无损于自己的收入。当然，庞姆公司与系统集成商之间已没有互信可言了。

玛姬向他们提出为期两年的合约，每批征用 100 人，她的出价足以让这些公司获取丰厚的利润，但比起 KPI 公司向客户收取的费用，还是天壤之别。对玛姬一方来说，提出这么长期的合约其实并没有多大风险，她知道 KPI 公司在未来两年会继续需要更多人手，而此举还有其他好处。

她跟嘉露商定，把庞姆公司的客户群作为首要目标。有了一批熟悉庞姆公司系统实施内情及客户内部人事关系的人员助阵，实在大有好处。而且，当他们成功取得庞姆公司的客户的合约后，第一项任务往往就是把庞姆公司的系统转换过来。有了这批对庞姆公司系统结构了如指掌的人员参与，更令实施事半功倍，这点非常重要，尤其是这些合约都以在极短的时间内取得盈利成绩为目标。

玛姬特别小心地给每个参与"计划与执行"项目的人员正确的导向，处理这些项目时，重点不在于令计算机屏幕上的演示悦目，或者令报告特别容易看得懂，而是确保相关人员在适当的时间取得有用的资料，以保证达到盈利成绩。对系统集成商来说，这可是一次范式转移。

重新导向课程长达一星期，头两天的内容由 TOC 专家设计，其余三天则由兰尼操刀。

玛姬继续追问："我们的员工没有能力应付吗？"

"不是。"柏德历回答，"我们确信他们都有足够的能力，从进展报告看来，我们的员工在这些项目中表现称职，差不多每个项目都没有超支，而且提前完成，这是我前所未见的。"

"那你在发什么牢骚？"

他看看玛姬，想开口回答，然后又退缩。

"怎么了？"她坚持问。

柏德历受不了了，他语带讥讽地回答："没什么，玛姬，一切都很好。"

"那你生什么气？"

"又不是我挑起的。"他一肚子气，"是你说情况快失控了，我也认同，绝对认同。如果现在你想假装一切还好，我也没有问题，你是老板嘛，但当天塌下来时，你可别怪罪我。"

然后他以带点儿哀求的语气说："玛姬，太多太快了，我们得放慢步伐。"

"你说得对。"她承认，"但我们可以做些什么？霸软公司不能放慢步伐，我们要跟上他们的节奏。"

"谁说霸软公司不能放慢步伐？"他反问，"他们迟早要放慢步伐，问题是现在放慢，还是等到一切失控，把实施项目都拖垮了才放慢。"

玛姬凝望着他好一会儿，最后拨了一个电话给嘉露。

"嘉露，我是玛姬。你对我们为霸软公司提交的大胆销售额预估有什么看法？"

"很奇怪你会这样问。"嘉露回答，"我正要找你谈这件事。玛姬，很抱歉，但我要请你们放慢步伐。"

"我可以用电话上的扩音器吗？我想柏德历跟我们一起谈。"

"可以。"嘉露听到电话嗡一声,问,"柏德历,你听得见吗?"

"我听得见,嘉露。"

"我刚才跟玛姬说,很对不起,我不得不叫你们停止推销,我们手上的项目看来已超越本季的预估,我已吩咐一些客户经理采用拖延策略,他们叫苦连天,我希望你会比他们明白事理。"

"这很难说。"玛姬一边说,一边向柏德历扮个鬼脸。

"玛姬,所有人当中,你应该最明白我。"嘉露哀求着,"是你协助我劝服史高泰,要公司业绩增长 60% 是不切实际的,而每季增长 5% 已经够好了。"

"而这样我们便不会因为达不到目标而失信于人。"玛姬把嘉露的话说完,"那么,现在我们的看法是什么?"

"只算已签的和十拿九稳的合约,假设没有别的,我们这个季度已有 47% 的增长,我们没有预计到新策略在抓住新客户方面竟然有这么大的威力。"

"你说得对。"玛姬说,"我们差不多隔天便抓住一个大客户,我早就说过,出售价值易如反掌啦!"

"不是这个。"嘉露不同意,"无论有多好,没有任何产品可以自行卖得动,关键在于我们的新战术。真正差别在于你提出的改变传统实施程序,保证客户的投资在不到 12 个月内取得实质回报,没有公司可以在这方面跟我们竞争,你的主意实在高明啊。"

玛姬很高兴受到赞赏,说:"其实这个主意只是常识而已,干吗要先搞财务模块,把客户拖进又长又繁杂的过程才看到系统的真正价值呢?这会让客户变得神经兮兮,遇到任何小问题都只管抱怨。由'鼓-缓冲-绳子'和缓冲管理入手就容易得多了，先取得令人惊讶的盈利成绩，客户会异常高兴，就算在余下的配套安装部分遇到重大延误，也不会责怪我们了。"

嘉露笑了，说："你有你的道理，我也有我的。我关心的是，我们从来没有这么高的合约成交率，这的确令销售周期缩短了，所以，玛姬，请你把试行计划的步伐放慢，可以吗？"

"我会的，嘉露。老实说，我们启动的试行计划那么多，真的有点儿混乱，而且我手上优秀的 TOC 专家也开始不够用了。但是，嘉露，我不认为我们低估了这些试行计划的重要性。我们 KPI 公司预计，它们当中最少有 80% 取得的成绩将超越它们的标杆。"

"谁在低估啊？"嘉露抗议，"这就是我想让你们停下来的原因，我预计有一半的试行计划在今年内将变成全面实施，这将令我们远远超越目标。你至今已启动的差不多 50 个了，之后你还排了多少个？"

"如果不算我们为自己客户启动的试行计划，只算为竞争对手的客户启动的那些，那么你说得对，我们至今启动了 48 个试行计划。至于正在排队的，如果只算大致已谈拢的合约，只欠开工期的，有 30 个。我希望你说要停止推销的并不是指这些，太迟了。"

"你起码可以推迟它们的开工期吧，可以吗？还有，玛姬，我们把太多潜在客户交给皮亚高公司的白礼仁了，我恐怕这样麻烦人家，是滥用人家的雅量，可否只在遇上具有真正战略意义的销售个案时才麻烦他？"

玛姬同意这两个要求后，嘉露说："我有更多好消息，奥科公司正疯狂削价保命。如果他们快要出局，我一点儿也不惊讶。我已打听过了，我们有可能把他们一些顶尖的客户经理挖过来，也许你可以开始跟他们的系统集成商谈谈吧？"

"谢谢你提醒我，我会找他们谈，除了这件事，你们近况如何呀？"

"这儿简直变成了疯人院，但总比去年好百倍吧，去年实在难熬啊！"

"史高泰和兰尼怎么样？"

"兰尼正在沉醉于他的新玩意儿——多项目管理，我知道他即将收购一两家公司。史高泰大部分时间在外面，有人说他正在学习 TOC 制约法，我真的不知道他在搞什么鬼，但你也了解史高泰的脾性，时机成熟，他自然会告诉我们他的计划。玛姬，但这也不错呀，就让那些男士们靠边站，由我们来专心做正经事吧。噢，柏德历，还有你在呢，不好意思啊。"

16

库存大增，谁之过

Necessary But

Not Sufficient

一星期后（3月4日）

"你们怎么搞的？卸一车货物竟然要花两小时？"

"我们不能整天干等。"另一个货车司机在抱怨，"为什么只有你们两个人值班？"

"找援兵吧。"另一个司机咆哮。

那个叉车司机没有理会他们，跟货车司机顶牛实在不理智，何况他们说的是事实。他把叉车的叉调低一点儿，然后向前行驶，当货盘稳固地摆放在叉上后，他把叉车往后退，拐一个弯，然后驶向条码站，登记货品内容，确定储存位置，片刻间，叉车就慢慢驶进一条长长的通道。货车司机看着那辆叉车在通道中渐渐远去。

那是一座很大的仓库，差不多600码（1码=0.914 4米）宽，几乎放满了皮亚高公司的优质产品。叉车司机没有权利查阅计算机，即使不看计算机，他也知道库存在这两个月间不断增加。现在，全部较方便的储存位置都已被占用了，他不得不驶到仓库的后方，把货盘堆放至10码高，所花的时间可真不少。货车司机在一段时间内都不会见到他了，难怪他们都在咆哮。

当叉车司机回来处理下一批货时，货车司机都已跑光，大概找仓库经理佛烈投诉去了，这对他们来说会很有效吧。叉车司机会心地微笑，一面小心翼翼地瞄准他的叉。佛烈绝对不会把其中一辆装货用的叉车调来帮助卸货的，如果仓库有什么神圣不可侵犯的戒律，那就是出货任务绝对不可延至翌日，为保证做到这点，他们甚至要加班加点，佛烈的奖金就靠这个了。

晚上十点，最后一辆空车在半小时前驶离了，仓库现在只有佛烈一人。他在他的王国的后方来回踱步，望着一列列货架，自言自语："今天又多占用了 6 码。"这就是他量度库存的方法，他的仓库又有 6 码地方被货物占用了。

但这并不是他唯一的烦恼，只是最恼人的一个。货车司机不断加压，令他不得不增加一辆叉车来卸货，但他是付出了代价的。今天，他们首次没有完成出货任务，差不多 10%的订单都没有运出。

佛烈清楚地记得那段有 20%以上订单出不了货的日子，但当时是由于没有库存，从来不是因为他的装货能力不足。

他应该用后面的装货区进行卸货吗？作用不大，进仓的货物差不多有一半用来取代仓库前方被运走的货物，叉车要走的平均路程短不了多少。

但可能比什么都不尝试好，明天他会看看能否在仓库后方增设一个条码站。但是，每辆货车的卸货时间仍然会长得不合理，排队卸货的车会越来越多，而司机的怒火也会越来越高涨，唯一能够大幅削减排队时间的，就是在附近暂时卸下所有货盘，而后再把它们逐一储存在适当位置，但那样代表工作量会加倍，也就是说，需要更多的人手。

不行！佛烈得出结论，他的其中两个主要衡量指标已经不保，库存周转率（Inventory Turns）已达到历史新低，而准时交货率也快速下滑，他不可以让成本也超出预算，绝对不允许。

出路只有一条，各工厂必须停止运来那么多货，所有问题都源于它们交来太多货了，而他对此是无能为力的。

佛烈走回办公室，脚步声回响在整个空间中。他气极了，他们竟然把他推向困境，他控制不了的东西，他们也要衡量，要算到他头上来，工厂发疯了，而他却成为替罪羊。

从前，他储存大概两个月的库存，也许再多一点儿。自从年初起，库存就急升至差不多三个月，而他仍然有货物短缺，有六种产品他完全没有库存，而另外 20 多种，库存已降至警戒线，但库存极充裕的产品，工厂还在不断送来，有多少产品存量起码超过六个月呢？他得查查看，必定超过 50 种。

工厂里的人根本不知道在干什么，他很无奈，他不能拒绝接收送来的货物，他不能命令货车司机把他不需要的货物原车运走。

现在应该做的，只有一件事。如果他们要他为库存周转率负责，那么，运送什么产品到他的仓库就不应该再由工厂决定，要由他决定才对。

是时候采取行动了，以目前事态的发展速度，不用一个月，仓库就会被填满，到那时他们会怎么办？叫他把货物存放在停车场吗？

佛烈决定做一件他从来没有做过的事，他要直接发一封电子邮件给事业部副总，他又一想，决定给所有厂长发一份副本，这批人该觉醒了。

夏里信隔着办公室的玻璃幕墙，俯瞰他的工厂生产线，放眼望去，是一排排机器，偶尔有几人站在其中，那层厚厚的玻璃把噪声都隔掉了。对夏里信来说，景象看起来很平和，跟以前比较，这里实在平和，再也没有狂乱的催促，不需要到处救火，自从实施了"鼓-缓冲-绳子"后，这些都没有发生了。一个这么合乎逻辑的步骤，为什么他们不一早就实行？

但是，命运就是如此复杂。当这里一切运作畅顺时，有人就会在其他地方挑起事端。那个叫佛烈的家伙，不管他叫什么名字，已经捅了马蜂窝，自从他发来那封荒谬的电子邮件后，这两天又多了几个仓库经理附和，这批人到底在盘算着什么？以为可以代替他管理他的工厂吗？代他决定应该生产什么、运出什么吗？

他们的投诉都是没有根据的，如果你把他们吹毛求疵的话都抽走，就可清楚地看见，他们的投诉只基于一种说法，那就是，工厂生产和运送的东西都不是仓库需要的，这种说法实在太离谱了。

他刚刚花了几小时证明事实恰恰相反，在过去三个月里，生产都是由于要应付至少一个仓库提出的紧急要求而启动的。他的工厂生产产品，从来没有一次不是因为有某个仓库十万火急地要货，一次也没有。

当然，他们并不会只为一个仓库而生产某个产品。生产是为了供应整个网络，否则工厂就必须以非常小的批量生产，单是转换（Setup）就吃掉过多产能了。没错，自从实施了"鼓-缓冲-绳子"后，他们再也不用为了节省成本而大批量生产了，现在的批量往往只有以前的一半，有时候甚至低于1/4，但当工厂以这些较小的批量生产时，转换仍然是一个问题。

夏里信知道，他的员工并不笨，他们把产品运送到需要该产品的仓库中去，虽然如此，他还是花不少时间在计算机上翻查过去三个月的记录，如他所料，产品都被送到正确的地方去了。很明显，当运送的货量不足以填满一辆货车时，货量就会被加大，如果他们没有这样做，他可以想象会遇到什么反应，在皮亚高公司，或者任何其他公司，发半空的货车是绝对不被允许的。

一小时后，夏里信看看他写给事业部副总白礼仁的备忘录，还是觉得不满意，备忘录的语调不够有力，过于自我辩护了，内容好像还缺了什么似的。

他又读了一遍，然后也把各仓库经理所发的备忘录读了一遍。他尝试想象，白礼仁，一个不清楚当中来龙去脉的人，看了以后会有什么反应。

即使他多么不愿意也得承认，他的备忘录的确未能充分回应仓库经理的投诉。他的错误在于，他把攻击矛头指向仓库经理从来没有明确写出的东西。在所有他们的备忘录中，他们都很小心，没有直接指责工厂生产了他们不需要的产品，他们只是隐晦地暗示而已。

到底是什么导致了产品库存过高？是什么令工厂备受指责？

他向自己提出这两个问题后，寻求真相就容易得多了。仓库经理最有力的论据就是，仓库中很多产品的数量都远超过目标水平。根据规定，他们需要确保有四个月的库存，但佛烈附上的清单显示，他的仓库有 54 种产品的库存超过六个月。

为什么会这样呢？现在，ERP 系统已能提供最新的实际库存数据，他们再也不用瞎猜了，他们都是按确切的数量运送的。要是每个工厂都像他那样小心，确保运送量不超过四个月，为何还会有那么多产品库存过高呢？

他转向计算机，查看佛烈所指的数据。佛烈的清单上有 12 种产品是他的工厂生产的，而且，没错，它们的库存都太高了，原因何在呢？

夏里信开始尝试发掘个中缘由，他将焦点集中在库存最高的产品。他最后一次把这种产品运送给佛烈时，他的仓库有多少库存？他从来没有试过在计算机系统中寻找这个答案，所以，他花了不少时间并钻了几个死胡同之后，最后才弄清楚怎样在计算机系统中找答案。

最后一次运送该产品给佛烈是 1 月 7 日，即大约九个星期前，那时候他的库存只能应付市场两个星期的需求。而夏里信的工厂运送过去的产品把库存提升至刚好四个月。自此以后，再也没有运送了，但现在系统显示库存为八个月，一定是计算机出了严重问题。

夏里信决定在向信息技术部发炮之前，先查看另一种可能性。佛烈会不会由于担心产品短缺而向另一个仓库要货呢？这就可以解释一切了，这些仓库经理一手把事情搞乱，然后把责任推给工厂，他们总是这样，但他如何证实呢？唯一的办法就是钻进配销系统查个清楚。

夏里信并不熟悉计算机系统的这部分，所以要花上更多时间，最后他终于弄清楚怎样找出该产品在佛烈的仓库的所有进出记录。那张清单没完没了，大部分资料都跟问题无关，是送货给客户的记录，货量都很小。

他把清单翻到 1 月 7 日那一页，找到他的工厂送货来的那一行，但他更想看到的是佛烈从其他仓库要货的记录，完全找不到，甚至翻查至 12 月初也没有。但是清单上另一种不同的记录，为整个问题带来一线曙光。

那就是产品销售预估的记录，每个月更新一次，夏里信倚在椅子上，他早该预料到这点，如果营运部门出了乱子，那必然是总部做的好事。

在 2 月 1 日，该产品在佛烈所在区域的销售预估降至大概一半，到了 3 月 1 日，又再次向下调。由于库存是以多少个月的预估销量来量度的，难怪库存现在就变成八个月那么多。生产部没有错，负责运货的部门也没有错，错就错在销售预估。

夏里信继续查看其他 11 种产品，以确定同一现象是否也存在，现在，他可以重写那份发给白礼仁的备忘录而有把握达到他祈求的效果了。毫无疑问，仓库插手工厂事务的可能性将被排除，他的备忘录将强而有力，因为它会提供一个解决方案，并且清楚指出谁应对问题负责任。

白礼仁盯着皮亚高公司财政主管发来的一封短而苛刻的电子邮件：

"你正令公司的现金大量流失，你的事业部在 1 月超支达 4 500 万美元，2 月又多出 5 200 万美元，你必须立即扭转这个趋势，停止破坏。"

这份备忘录对白礼仁来说并不是很大的意外，库存增加而令现金流失的速度，他清楚地知道。唯一令他感到有点诧异的是他们这么快就找上门来。唔，这其实也不出奇，这个新的 ERP 系统提高了运作资料的透明度，不只他享有，总部也享有。

他发觉库存攀升已经好一段日子了，起初他不加理会，以为只是年终现象而已，现在他知道这已快速发展成为大灾难，他也知道问题从何而来，那是由于"鼓-缓冲-绳子"的实施令工厂隐藏的产能被发掘出来。一旦工厂产量比以前增加了40%以上，而销售量却不变，库存不断跳升就无可避免了，这是很清楚的事实，而白礼仁不清楚的是，该怎样应付这个局面。

他并不需要总部的备忘录提示他必须有所行动，要大刀阔斧、要快。

起初，他以为自己已有一个简单、漂亮的解决方案。根据现行的衡量系统，每当工厂把产品送到仓库时，系统就会记录工厂达成了内部销售，到底送来的产品是不是仓库真正需要的，衡量系统就不管了，无论如何，得分的是工厂。所以，白礼仁以为只要修改一下衡量系统，就可以制止不请自来的库存堆积。

只有送来的产品是仓库真正需要的，才算内部销售。白礼仁认为这就可以制止工厂为得分而盲目生产，制止它们生产仓库不需要的产品。

ERP系统的威力、运算速度和所储存的大量资料，令衡量系统得以做出这项修改，新措施两个星期不到就实施了。

但这项改动没有什么效用，库存还是继续上升。

新措施实施后，工厂真的只生产仓库真正需要的产品。事实上，工厂生产的每种产品都是由于有仓库缺货或即将缺货而提出紧急要求。

白礼仁对这点感到惊讶不已，即使工厂现在都在做应该做的事，他的厂长们也都懂得顾全大局，竟然还出现那么多缺货。

缺货的次数的确有所下降。不到一年前，ERP系统还未在配销环节实施，大概15%的订单出现缺货，ERP系统实施以后，缺货的订单比例降至10%左右。工厂产能增加使缺货的订单比例再降至低于 4%，仓库之间互相调货的情况也大大减少了。最令白礼仁想不通的是，库存那么高，但缺货仍然频繁出现，令工厂要不断忙于救火。

这个疑团困扰着他，他花了相当长时间才找到答案。

虽然工厂是由于某仓库缺货才启动生产的，但只为一个仓库生产太不划算了。所以，工厂生产出来的货物也运送到其他仓库去，令各仓库的库存达到目标库存量。比方说，由六个星期的库存增加至四个月的库存，这就意味着，补货是根据多个星期后的销售预估来计算的，但这项预估的可靠性是个问题。

事实上，谁还能谈可靠性呢？产品在一个区域的销售预估，出错的机会已经非常大。难怪产品在很多地方库存过多，而在其他地方却不够，当你面对 600 多种产品及 20 多个区域仓库，缺货就难以避免了。

他们必须令预估更准确，这是减少缺货的唯一办法，也是制止过多库存堆积的唯一方法。他们的新 ERP 系统有一个花哨的预估模块，提供的功能比他们以前用过的更五花八门，但出来的预估并不更准确。在这方面，ERP 系统令他们失望了。

上星期，他跟佐治谈过。起初佐治还试图坚称霸软公司的预估模块是业界最好的，后来他又想甩开责任，但白礼仁知道怎样令他无地自容。不管有多困难，霸软公司一定要弄来更好的预估模块，这是绝对需要的。

白礼仁有点儿怀疑，霸软公司的专家是否真的能弄来一个准确的预估模块。要得出准确的预估，是可能的吗？而且，即使他们真的能办到，剩下来的时间也不多了，他现在就得采取行动。

他把备忘录再读一遍：

"你的事业部在 1 月超支达 4 500 万美元，2 月又多出 5 200 万美元。"

以现在的发展速度，3 月现金难免再多流失 6 000 万美元，总部又会有什么反应呢？

想到这儿他就不寒而栗。

他必须现在就采取行动，阻止现金流失，即使他的做法从长远来说会是愚蠢的，但他必须制止工厂生产。

事实上，整个局面是多么的怪诞，工厂发掘出大量隐藏的产能，它们更有能力应付配销的需求，但情况反而迅速转坏，真是没有道理。

一定是他们犯了某些基本的错误，令情况变坏，但不用花钱就获得更多产能应该是好事才对，对于这点，没有人会提出争议。

有了这个信念，白礼仁把思路转向最基本的环节，为仓库补货。为了保证仓库达到目标库存量，配销系统的目标库存量是四个月，他记得这种做法从来没有改变过。另外，以他记忆所及，配销系统中的平均库存量一般徘徊在目标库存量的一半左右，即大约两个月的水平，但现在情况有变，库存正快速攀升，相信到了季末，平均库存会达到三个月或更高。

他尝试总结一下，工厂产能增加了，令仓库和库存越来越接近目标库存水平，就是问题的根源吗？怎么可能呢？

突然间，他恍然大悟，答案实在简单得可笑，目标库存量定错了！

白礼仁苦笑，目标库存量是多年前定的，是根据系统当时的处理能力和当时补充仓库卖出的产品平均需要的时间而定的。去年他们大大加快了为仓库补货的速度，但没有想到最明显不过的事——配销系统的补货速度加快了，仓库的目标库存量就没有必要定得那么高。

就是这个"微小的"疏忽，令减少库存的大好良机变成了库存堆积的现实。

嗯，现在他知道应该怎样做了。工厂现在的生产时间缩短了一半，那么，目标库存量也应该减少一半。

他不需要采取其他行动了，也不需要下令工厂停产。他在工厂的衡量基准上所做的改动已经可以保证达到同一效果。在新的衡量方式中，工厂不再会因发货到没有需要的仓库而得分。所以把目标库存量降低，可以保证工厂不会过量生产，这就会制止仓库的库存攀升。事实上，把目标库存量降至只有两个月，就可以令库存下降至比以往任何时期更低，把整个趋势扭转过来，也可以释放更多现金，而总部也不会再找他麻烦了，他将成为英雄。

白礼仁满心欢喜，开始写电子邮件给所有相关人士，下令把目标库存量减半。这并不是一桩小事，他知道他正要改变的是人们习以为常的运作方式，他必须详细解释每个细节，否则就会惹来种种猜测，甚至怒火。

厂长的反应会怎样呢？他们会说，降低目标库存量会导致生产批量过小，在某种程度上，这种说法没有错，但不会是个真正的问题，白礼仁决定花点儿时间把这个也解决掉。

以前，当一个仓库出现短缺，而其他仓库的实际平均库存低于目标库存量时，工厂就需要生产整个市场两个月的消费量。

但现在，把目标库存量降至两个月，当一个仓库出现短缺，绝大部分其他仓库都不需要进货。而在那些库存低于两个月的仓库中，缺少的大概只是一两个星期的货，甚至不足以装满半辆货车。

白礼仁越想越吃惊。他意识到，工厂每次生产，以转换时间占总时间大概 1/10 计算，如果平均批量只是一个仓库两个月的销售量，即传统批量的 4%左右，那么频繁的转换会把产能统统吃掉，可供实际生产用的产能还不到以前的一半，他们将无法跟上销售速度。

所以，当考虑到产品供应在下一个季度将受到的影响，降低目标库存量就不是一个好主意。白礼仁失望极了，他发觉自己在原地踏步。答案必然在于大大改善销售预估，但是，他现在没有其他选择，他必须采取行动。

他发完有关降低目标库存量的邮件后，便打电话给佐治。

佐治放下电话，把头埋在双掌中，他现在该怎么办？

白礼仁向他逼进，要他安装一个能够准确预估未来销售额的预估模块。经过整整一个星期疯狂地发备忘录和打电话，他终于找到兰尼，可是兰尼却不肯与他合作，还取笑他说，要准确预估数星期后某产品在某区域的市场需求是不可能的，理论上也行不通。

佐治不太明白兰尼所举的理由，只知道霸软公司肯定不会给他一个更好的预估模块。

他当初为什么会选择这份鬼差事？无论他干什么，总是不够好，为了一些他控制不了的事情，他一次又一次受责难、被攻击。

他为皮亚高公司的实施项目拼命干，要不断面对客户的无理要求、软件程序员的缓慢回应、软件臭虫、ERP 系统上的错误，经过多年奋斗，看来他终于把问题都理顺了，他终于把这个庞大且复杂的项目变成 KPI 公司最闪亮的明珠、最值得借鉴的成功案例。

但现在这一切都泡汤了。

白礼仁说得很清楚，除非预估的准确性大大提高，否则他以后再也不接受 KPI 公司潜在客户的来访了，因为他不能向人家推荐一个直接令库存增加一亿美元的系统。他还暗示，会把这件事告知皮亚高公司其他事业部副总，而兰尼，唯一能对此做点儿事的人却连听也不愿意听。

佐治受够了，他决定放弃，把烂摊子推回给玛姬，由她来承受，说不定她有办法敲开兰尼的脑袋，他不管了，他要求调到其他项目。

机舱服务员把玛姬的餐盘拿走，现在她可以继续处理电子邮件了。下一封来自佐治，佐治的电子邮件总是带来好消息，而他报告潜在客户访问皮亚高公司时所用的字句总是那么幽默，她含笑单击鼠标，打开他的电子邮件。

笑容很快便从她的脸上消失了。

嘉露是对的，他们应该坚持只出售科技，这是软件，这是软件设计明细，软件根据明细的需要运行。好，我完成任务了，大家都满意。但不成，他们偏说要出售价值，真是天大的错误啊！

白礼仁需要有关生产的软件，霸软公司供应软件，KPI 公司安装软件，一切都很成功，软件运行良好，成绩也达到了，是令人惊叹的成绩。但是，他们可以松一口气了吗？他们是否觉得任务已圆满结束？一点儿也没有。

现实就是这样，短短三个月后，炸弹就在他们面前爆炸了，不是因为生产出了什么大乱子，生产部一切运作良好。

配销系统的成绩倒退了，库存增加了一亿美元，而他们正备受指责，这就是所谓的出售价值，你得为无边无际的事情负责任。

一亿美元，事情一旦传开来，玛姬不难想象会有什么后果，现在，竞争对手那么嫉妒霸软公司和 KPI 公司，他们会毫不犹豫地炒作，开动大喇叭来抹黑宣传，你有一个不佳的实施案例是一回事，你最佳的、经常乐于引用的案例，一家你曾建议几十位潜在客户前往观摩的企业，突然成为你最害怕的噩梦，那完全是另一回事。

她有办法劝服白礼仁不把事情张扬开来吗？除非她承诺会努力寻找解决方案，但这就表示要迫使兰尼出马了。

这肯定难如登天，尤其是兰尼确信自己实在没办法交出更好的软件，就别打他的主意了。该死，为什么他不能敷衍白礼仁一下，假装努力一下呢？没有人预期一个新的软件模块会在不到六个月就开发出来，在这六个月内，白礼仁一定会找到解决方案的，一个不依靠软件的解决方案。

她下定决心向兰尼施压后，又回到佐治的电子邮件，她必须向兰尼提出什么具体要求呢？

玛姬把佐治的电子邮件又读了一遍，了解到问题的严重性，她不禁咆哮，问题比她原来想象的严重得多。

尽量令皮亚高公司不把事情向外张扬，其实于事无补，在白礼仁的事业部发生的事并非偶然，也不是倒霉的单一个案，而是一个信号，揭示什么麻烦将接踵而来。

佐治清楚地指出，白礼仁绝不是无理取闹，他们的软件帮助工厂把隐藏的产能发掘出来，当产量大增而销售滞后时，配销系统的库存不断增加就无可避免了。工厂根据订单生产是不会引发这个问题的，但如果工厂根据销售额预估而生产，问题就在所难免了，成品库存将攀升。

在供货给配销系统的工厂中，有多少家已经安装了新的生产软件呢？大概是他们今年启动的项目的半数。

而在这几十个项目中，由于生产的实施往往都成功地提高了产能，上述问题就必然出现，库存会攀升，而他们会备受指责。

她可以隐瞒一个个案，或者两三个，但不是几十个，他们将臭名远扬，没有公司敢购买他们的软件，他们只有死路一条。

一分钟后，她提起公文包，决定乘下一班飞机回去，她一定要让史高泰知道这件事，事情不是在电话里可以说得清的。

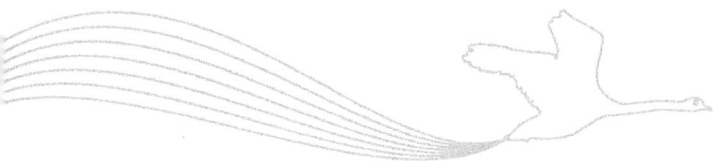

17

彻底整顿配销系统

Necessary But

Not Sufficient

两星期后（3月18日）

"希望你知道你在做什么。"史高泰站起来走上讲台时，玛姬忍不住对他轻声说。

史高泰跟柯雷握握手，感谢他的介绍，然后转身，面向台下。

皮亚高公司的小礼堂差不多坐满了人，白礼仁给其他各事业部主管的通知及财务总监的备忘录显然引起了很大的反响，否则难以解释这次聚会如何在这么短的时间内筹备完成。到场的人不只是各事业部主管，还有皮亚高公司差不多所有厂长和仓库经理。

史高泰知道他正在面对一群有潜在敌意的观众，白礼仁的事业部传来的消息令他们很担心，一传十，十传百，他们会很自然地把矛头指向霸软公司。史高泰必须将这种"你死我活"的局面转化为"你我携手，克服难题"的局面。

"从上个季度开始，白礼仁的事业部在其旗下全部七个工厂实施了 TOC 制约法生产管理，请这些工厂的厂长举举手，让大家认识一下。"他平和地说。

一群坐在礼堂最左边第三四排的人举手回应。

"你们有没有取得成绩？"史高泰望着他们问。

"有。"其中两三人回答。

这种回应未能满足史高泰，他要大家明白，他们现在面对的难题跟以往的不一样，不是失误或疏忽引起的，也不用找替罪羊。

"我听不到。"史高泰回应说，"让我再试试看。"他竖起耳朵，又大声问了一遍："你们有没有取得成绩？"

那七个厂长意识到史高泰正试图维护霸软公司，但也想到这其实也帮了他们自己一把，再也没有人会就他们所干的说三道四了，他们实在为自己的成绩感到骄傲，于是一同高声回应："有！"

史高泰知道自己有了后盾，便毫不犹豫地推进："你们没有增加机器和人手就能把产量提升40%以上，这是事实吗？"

他们互相对望，然后自信地答："是。"

这个答案引起了回响，礼堂充满观众的低声细语，史高泰并不急于说下去，一直等到所有人的注意力回到他身上，才问："你们是否会考虑用老方法管理工厂？"

他们毫不犹豫地回答，根本不可能，也没有理由走回头路。

史高泰很满意这个答复，他直视全场观众，然后说："自年初开始，皮亚高公司的大部分工厂已开始实施"鼓-缓冲-绳子"和缓冲管理，我肯定那些在1月引进新方法的工厂已取得了一定的成绩。"

赞同之声由场中不同角落传来。

史高泰知道至少那些厂长是跟他同一阵线的，是时候把难题带出来了，但他必须小心，以免人们以为矛头是指向他们的。

史高泰严肃地说："产量大幅提升，引发了一个反效果。"他停了一下，然后继续说。

"今年头两个月，产品市场占有率增加了2%，值得恭贺营业部。但试想想，当产量大幅增加了40%时，会有什么后果无可避免？"

他等了一下，才把答案道出："后果就是库存会增加。"

他转向坐在第一排的财务总监，问："库存增加了多少？"

财务总监站起来，面向观众，说："自年初，库存已增加了1.5亿美元，根据我的计算，除非我们能停止超额生产，否则库存会以每个月2亿美元的惊人速度攀升。老实说，纵使我们财力雄厚，现金这样流失，也会挺不下去。"他望了观众一会儿，说，"我们遇到难题了！"然后慢慢坐下来。

史高泰提高音量，重复道："我们的确遇到了难题。"他继续说，"库存增加是由于工厂产能增加，但库存到底堆积在哪里呢？答案就是在配销系统。只要问问仓库经理，就知道当他们眼巴巴看着自己看管的库存不断增加却爱莫能助时，他们感到多么无奈和气馁。问题算到配销系统头上来，却不是他们引起的，他们对难题也无能为力。"

从观众的反应，史高泰知道仓库经理们也已加入他的阵营，是时候谈谈解决方案了。人们通常会抗拒激进的解决方案，但他将要提出的正是十分激进的方案。昨天他和柯雷、白礼仁和玛姬一直埋头苦干，试图找出一个最适合的方法来表达他们提出的方案，并为此争论了一整天。通过问答形式逐步展示解决方案，他们对此没有异议，争论在于采用什么方法。白礼仁提出他的想法，柯雷和史高泰赞同，玛姬却极力反对，幸好最后他们说服了玛姬。白礼仁和史高泰于是用晚上余下的时间加紧排练，现在是试验这个方法是否奏效的时候了。

首先，史高泰摆开阵势，问观众："我们该怎样办呢？"他紧接着说，"你们的财务总监提出了一个简单的解决方案，你们都听见了吧？停止超额生产，别轻易否定这个想法，停止生产只会堆积在仓库的产品，有何不妥？"

好几位厂长都争着回答，但仓库经理们明显持不同意见，不到一分钟，整个礼堂沸腾了，谁都听不见谁在说什么。

史高泰花了好几分钟，才令观众稍为安静些，然后说："似乎有两种对立的看法，我想我们应该请双方的代表上台谈谈。"

一如所料，当总裁和事业部主管们都在场时，没有人会自荐上台。

史高泰笑着说："既然没有人自荐，我只好点名了，白礼仁，就当你自荐了，上来吧。"史高泰转身向观众，补充说："白礼仁是公司的副总，负责生产和配销系统，所以他能公平地代表双方，何况，挑起事端的人就是他。"

"这是经过排练的。"史高泰向观众揭露。白礼仁把扩音器夹在衣领上，准备好以后，史高泰就开始"访问"他。

他们两人已经有了默契，不应错误地假设礼堂内大部分经理都像白礼仁那般熟悉整件事，他们并没有花太多时间钻研解决方案，所以史高泰和白礼仁要先加深观众对目前情况的了解。

"白礼仁，你熟悉库存增加的难题吗？"

不太会演戏的白礼仁难掩一笑，说："你在说笑吧？刚才所提及的 1.5 亿美元里，差不多有 1 亿美元是属于我的事业部的。"

"你应该也思考过这个难题吧？"

"过去的一个月，在我的脑袋里打滚的，就是这个难题。"

"对，我看见你的耳朵正在冒烟。"史高泰说，然后提出大家期待已久的问题。

"那么，你为什么不停止超额生产？"

"你如何界定超额生产呢？"白礼仁问。

"我假设仓库中所有产品都定下了目标库存量。"

白礼仁同意，说："一直以来，我的事业部的目标库存量就是四个月的销售量。"

史高泰回应说："那么，超额生产就是指出货量超出了这个目标水平。"

"如果这就是你给'超额生产'的定义，"白礼仁望着台下那位财务总监说，"那么我的工厂从来没有超额生产。"

史高泰装出很惊讶的样子。"那么，为什么库存会增加？"

白礼仁解释说："以前，实际库存大约是两个月，现在已调升至接近三个月，但依然低于目标库存量。"

"原来如此。"史高泰的语气带着疑惑，"那么，你是说根本没有超额生产？"

"这要看你怎样定义超额生产。"白礼仁回答。

"我把它定义为'生产和运送那些不会令仓库更能满足客户需求的库存'。"

"这个定义很合理。"史高泰同意，"但这不是跟我说的一样吗？目标库存量不就是以客户的需求来确定的吗？"

"以前是的。"白礼仁回答，"但自从信息技术让工厂差不多可即时知道每间仓库的库存量，而工厂又大幅增加了产能之后，情况就不同了。仓库从要求入货至货物到手，时间平均缩短了差不多一半，所以目标库存量也理应减少一半。"

"好。"史高泰说，"所以你们应该把目标库存量减半，生产也不应该超过这个水平。"

"但库存还是继续攀升？"

"不，趋势颠倒过来了。我们事业部的库存开始急降。"

"那么，哪里有问题呀？！你们找我来干吗？"史高泰对他的角色非常投入。

"因为，产量不超过新的目标库存量是要付出代价的。"白礼仁强调说，"代价太高了，比以前更糟。"

"什么代价？你在说什么？"

"货品短缺。"白礼仁直接说。

"短缺？"史高泰继续表演下去，"你不是说库存太多吗？'短缺'是怎么来的？"

"在配销系统中，每种产品都有大量库存，而'短缺'就是指某仓库缺乏某件所需货品。2 月底，我们只收到 132 次产品短缺报告，但单单在上星期，每天就已增加了约 20 次。你问我短缺是怎么来的，我们找你来干吗，就让我告诉你，短缺是你的 ERP 系统造成的。"

史高泰退后一步，举起双手，做出防卫的架势。"且慢，我的 ERP 系统怎样导致短缺？"

白礼仁看见史高泰精湛的演技，咬紧牙关忍住笑，但他仍毫不迟疑地回答："这还不明显吗？我们把目标库存量从四个月减至两个月，但我们还是以好几个星期后的销售预估来运送货物到仓库。史高泰，虽然很不好意思，但我还是要告诉你，你的 ERP 系统提供的预估确实差劲。"

礼堂内认同之声四处响起。昨天他们预计所有人此刻都会埋怨预估差劲，会认为难题的解决方法就是提高预估的准确性，所以，他们在提出真正解决方案之前必须跳出这个死胡同，他们打算在目前预估的准确性上发动攻势。

白礼仁并没有忘记他的对白，他挑衅地说："你的 ERP 系统给我们的预估，就差不多如预测数周后的天气般差劲。"观众都大笑起来。

史高泰等人们静下来后才笑着说："白礼仁，你错了。ERP 系统的预估并不是差不多如预测数周后的天气般差劲，而是跟它一样差劲。"

待礼堂再一次安静下来后，他继续说："差劲的预估并不是霸软公司计算机系统的缺陷。事实上，要在多个星期前准确预估某件产品在某一区域的销售量，理论上是办不到的，就如天气不可能在数周前就准确预测一样，软件能预测的是产品销售的趋势而已。"

史高泰等所有人都把这句话消化了，才继续说："但是，白礼仁，你执行 TOC 生产管理已有相当的经验，如果你担心预估的准确性，那你为什么不实施 TOC 有关配销管理的应用专题？"

"我不知道有这样一个应用专题，可以介绍一下吗？"

"它利用企业在不同环节有不同的预估准确性的原理，将大部分库存都放在预估准确性最高的环节。"

"我不明白。"白礼仁回应。他转身向着观众问，"你们明白他在说什么吗？"

差不多所有人都摇头。

"我的话真的那么难懂吗？"史高泰一脸天真地问。

"难道你们不知道预估的准确性会随着统计范围的缩小而降低吗？以一家商店为例，它这个星期的销售量可以比上个星期多 3 倍或少 2/3，这是不可能预估出来的，但这么大幅度的变动，就整个北美洲所有商店的总销售量来说，是不大可能的。"

"对。"白礼仁同意，"那又如何？"

"所以，我认为库存应该放在那些关乎整个大洲的销售预估的地方，这样一来，预估就会准确得多了。"

白礼仁问："你所指的地方在哪？"

"工厂。"史高泰回答，"工厂生产的产品是供应整个大洲的，为什么不把大部分产品都放在工厂？"

白礼仁回应说："史高泰，你的提议可能有道理，但我想大部分在座的人都会认为你不懂我们的行业。在我们行业，产品是不会存放在工厂的。我们建立配销系统的目的就是让产品尽量接近客户。客户是不会等产品慢慢从工厂运过来的，当他们订货时，就指望我们即日送货，你明白吗？"

"我明白。"史高泰向他和观众保证，"我知道，在你们行业，产品并不是存放在工厂的，但这可能正是要做的事啊。"

"就这点而言，我们可不是这么容易被说服的。"白礼仁坚决地说。

史高泰问："让我试试，总可以吧？"

"随便你。"

"白礼仁，你说过，产品短缺报告正以每天增加 20 次的骇人速度跳升。"

"没错。"

"为什么呢？"史高泰问，并紧接着说，"不要说是由于预估的准确性突然恶化了。"

"不，绝对不是。预估的准确性跟以往一样差劲，我们大幅调低目标库存量才是产品短缺急剧增加的直接原因。当一间仓库出现短缺时，我们没有理由也为其他仓库生产同一种产品，说白了，我们没办法把货物送到他们手中，原因是他们要的货量远不足够装满一辆货车。结果，工厂现在以小批量生产，批量小得工人大部分时间要花在转换上，怪不得我们越来越满足不了仓库的交货要求。"

"我明白了。"史高泰说，但立即又说，"我不明白。"

"不明白什么？"

"我不明白，当工厂为一家仓库生产时，为什么不可以多生产五倍的货量？把仓库要求的数量运过去，然后把余下的存放在工厂。我想问，等其他仓库也要求补充这种产品，直至那些产品通通被运走，一般要多久？两个星期还是三个星期？"

白礼仁假装在想。"我们从来不把产品存放在工厂，但现在想来，又不能说这样行不通。"

他转向厂长们，问："你们觉得呢？"

其中一位回答："我想工厂未必有足够空间摆放这些产品。"

"就当作我们已解决了这个问题。"白礼仁说，"我们在附近找个地方给你，其实，我们可以利用离工厂只有一小时车程的仓库，怎么样？"

"听起来合理。"他回应。

"白礼仁，"他的另一位厂长说，"如果继续小批量生产的话，我们就快要疯了，没有什么比现况更坏的了，但你是认真的吗？你真的批准我们把产品存放在工厂？"

"我有什么理由不批准呢？"

"我不知道，可能是公司的运作规则？"

白礼仁摆摆手表示不认同，然后转身向史高泰说："我还需跟我的下属详细讨论，现在就先说这是个好主意吧。"

基本功已经完成，是时候带出方案的核心了。

史高泰一边暗自祈祷，一边战战兢兢地说："如果在工厂存放产品是个好主意，我们不妨再向前一步，正如我们刚才所说，工厂层面的预估准确性是最高的，那么，假如我们在工厂存放三个星期的库存，会怎样呢？"

在人们提出反对意见之前，史高泰继续说："想想看，工厂以后再也不需要小批量生产。更重要的是，它将更能满足仓库的需求，所有产品工厂都有库存，各仓库可以每天从工厂补货。从经济效益上来说，这也是可行的，虽然仓库每天出售每个产品的数量不多，但仓库每天需要从工厂拿取的各产品的总量，其实足以载满一辆货车。"

"让我消化一下。"白礼仁继续扮演他的角色，解释说，"每个工厂制成的产品用来填满工厂自己的仓库，而区域仓库不再为了保持目标库存量而向工厂发订单要货，相反，区域仓库每天售出了多少产品，工厂就在第二天早上给它们补货。史高泰，你说的跟我们现行的做法正好相反。今天，产品一从工厂制成，我们就马上往仓库推，根据你所说，我们应该把'推'变成'拉'。产品都放在工厂里，各仓库根据客户的实际需求量把产品从工厂拉到手中。"

"正是如此。"史高泰点点头，"你认为怎样？"

"我认为这种做法有潜力，但我脑海中有 大堆麻烦的问题，我想在场每个人都像我一样，史高泰，不妨问问他们吧。"

正如柯雷猜想的那样，财务总监第一个举手。"对不起，我以为今天聚会的目的是要找出降低库存的可行办法。根据我刚才所听到的，好像恰恰相反，你是否建议多建仓库来存放产品？"

史高泰和白礼仁对这回答个问题已做好充分准备。

"我明白你为什么会以为我在建议增加皮亚高公司的库存。"史高泰回答。

"其实并非如此。我建议的是如何大幅度降低库存总量。"

"这正是我们想听到的。"财务总监说。

史高泰向他微笑说："听来好像是个奇迹，我们增加库存，但库存数量会下降，很奇怪吧？要明白这个奇迹如何发生，我们就要了解工厂仓库对每家区域仓库需持有的库存有何影响。"他转向白礼仁，说，"你助我一把吧，你是如何决定区域仓库的目标库存量的？"

"这其实很简单。"白礼仁回应说，"由补货所需的时间决定。比方说，一家仓库的某个货品需要六个星期才能补货，那么理论上六个星期的库存就是我们的目标库存量了，当然，市场需求起伏不定，我们会把数字再加大一点儿，如十个星期。"

"那么，你为什么把目标库存量定为四个月？"

"因为我们不是售出一件货品便马上补货，而是当库存下降至某最低水平时，仓库才会补货。此外，你要牢记，补货实际所需的时间是无法预知的，工厂可能在同一时间收到很多产品的订单，补货时间就可能倍增。"

"我明白了。"史高泰说，"但如果所有产品都存放在工厂，你又会如何确定区域仓库的目标库存量呢？"

"这样，补货时间只考虑运输时间就足够了。"白礼仁回答，"这不但把时间大大缩短，而且会比以前更准确、更可靠。对一些仓库来说，补货时间大概是两三天，把目标库存量定为一个星期就足够安全了。在大多数情况下，运输时间不会超过一个星期，可以说，目标库存量平均少于两个星期，这个水平的库存已经能让公司提供前所未有的高客户服务水平了。"

"好。"史高泰很满意，"但是，我要强调一点，你一向习惯目标库存量和实际库存量之间有巨大差距，目标库存量是四个月，而你实际只持有两个月。在新的做法下，这类差距不再存在，区域仓库以两个星期为目标库存量，并且每天从工厂补货，这表示仓库中的库存加上货车上的库存，实际上只有两个星期的库存。"

"没错。"白礼仁同意。

"工厂仓库的目标库存量又怎样？"

"三个星期已经绰绰有余了。"白礼仁自信地说。

然后他总结："这表示在工厂仓库中、货车上和各区域仓库中，所有库存加起来，总量不超过五个星期。"

他望着财务总监说："就算拿这个数字跟库存开始上升前做比较，已可以令公司节省五亿美元现金，同时，货品短缺及向其他仓库求救要货的情况将一去不复返。"

"这个主意不错。"财务总监说。

场内很多人举手发问，白礼仁指向一个仓库经理。

"我的仓库在肯塔基州，那里离我们事业部的所有工厂只要几天车程。"

"你走运了。"史高泰打断了他的话，"这表示你的仓库的库存一定很低，而库存周转率会直冲云霄。"

那个仓库经理似乎不太欣赏他的说法。

"我担心的是我的工人。如果我把库存大大降低，我的工人会怎样？"

"你的区域销售额不会改变。"史高泰提醒他说，"我们这里所说的改变，是不会影响你的仓库的货物流动的。"

白礼仁走上前说："库存锐减，表示你只用仓库一小部分的空间就够了，毫无疑问，这会提高搬运货物时的效率；但另一方面，你每天要处理从工厂运过来的货品种类多了很多，我估计很多货盘都会载着多种货品，这样就会增加你的工人的工作量，总的来说，这也许是件大好事，工人的饭碗是十分安稳的。"

仓库经理很满意这个答复，当史高泰想找另一位发问者时，白礼仁却偏离他们既定的"剧本"，他问那个仓库经理："我想问你一句，现在你是决定仓库订什么货的人，你明白我们刚才的建议会对现状带来什么改变吗？"

"我知道。"他说，"我不再负责订货，我给客户运出多少货，第二天就可从工厂自动原数补充过来。"

"你接受吗？"白礼仁惊讶地说，"你要放弃的权力可不小呢！"

"什么权力？没错，我是负责订货的，但谁理会我的订单呢？老实说，工厂想运什么过来就运什么过来，即使我没有订的货，也不准我退回去。如果工厂能每天补充我前一天卖出的货，这已经够好了，坦白说，这简直是天堂。"

"很好。"然后白礼仁又对史高泰说，"你也知道，我们的计算机系统不是这样运作的，它根据产品的最高及最低持有量决定仓库应否发订单，看来要改变的东西可不少啊。"

"没有问题。"史高泰向他保证，"计算机系统已经准备好，只等皮亚高公司下令，不到两个星期就可安装好。这并不是大问题。"

"没错。"白礼仁同意,"我肯定大家所担心的是些更重要的问题。"

"我有一个问题。"一个身材魁梧、表情认真的人说,"我想知道,到底由谁决定工厂的目标库存量?"

"你一定是位厂长,你不希望其他人在你的工厂捣乱,尤其是总部,对吧?"史高泰尖刻地问。

"说得好。"场内的回应四起。

史高泰说:"让我们重温一下我们到底要什么吧。首先,区域仓库卖出的,我们希望工厂仓库都有库存可以立即补货,我们也希望工厂仓库从来不会缺任何货,这表示工厂要有足够的库存能及时回应市场需求,工厂回应的快慢取决于什么呢?工厂现有的产能、敏捷度、所遇到的故障和麻烦的严重性等,谁对这些最清楚呢?不就是工厂本身吗?"

"那么,工厂可自行决定目标库存量?"

"就是这个意思。"白礼仁向厂长保证,"但是,当然,总部会衡量工厂的表现的。"

"这很公平。"那位厂长回应说,其他人也都表示同意。

一个人谨慎地问:"工厂的表现还是以一贯的方法衡量吗?"

"不一定。"白礼仁回答。

他的答案引来一阵不安。白礼仁马上回应说:"史高泰,我们就谈谈哪种衡量方法最合理吧。"

史高泰走上前说:"在我们跟前有两个很重要的指标——及时发货和库存,你怎样衡量及时发货的表现?"

有几个人建议用皮亚高公司现行的方法,即根据尚未出货的订单数量。

"也许这是可行的。"史高泰回应说,"但我考虑到两个小问题,一个小问题是,根据这个粗略的衡量方法,一张100美元的订单出不了货,跟一张10 000美元的订单出不了货没有区别,可我不认为两者没有区别,我想我们还应考虑订单的价值,你们同意吗?"

每个人都认为有道理。"另一个小问题是,目前所用的衡量方法没有考虑订单延误了多久,要知道,延误一星期与延误一天所造成的损害大有区别。"

所有人又一次表示同意。"所以,衡量时应考虑时间和订单价值。我建议的计算方法是延误订单的价值乘以延误的天数,得出'有效产出-元-天',这样的衡量单位你们认为合理吗?"

他们似乎都很喜欢这个建议。

史高泰继续说:"另一个很重要的指标就是库存,你们目前以其价值来衡量它,但如果让工厂自行决定目标库存量的话,我们就不能不考虑时间因素。我们不应只衡量工厂的库存,库存周转率也应考虑,我提议用'库存-元-天'作为衡量单位,只要把库存的价值和工厂存放这些库存的天数相乘就行了。"

白礼仁继续说:"工厂要尽力把'有效产出-元-天'变为零,把'库存-元-天'降至最低。"

更多人加入讨论,礼堂里的声浪越来越高,史高泰和白礼仁不加干预。

最后,白礼仁请他们安静下来,说:"你们认为怎么样?"

其中一位厂长说:"我们可以接受,其实我们很喜欢这个方案,它很公平,而且合理。"

那位从肯塔基州来的仓库经理举起手说:"我想问,为什么你们只建议工厂采用这个方案？为什么我们这些仓库经理没有相同待遇？"

他的话得到场内不少人认同，他继续说："让我们决定自己的库存量吧，我们一定做得比总部好得多。"在欢呼声中，他提高音量说："还有，我们乐意被同样的方法衡量表现。"

"史高泰，计算机系统应付得来吗？"白礼仁问。

"当然。"

白礼仁一直等到礼堂安静下来，才平和地说："这是一个绝佳的建议，让我们回顾一下这个方案吧：我们要把'推'改为'拉'；每个工厂都会有工厂仓库；区域仓库每天从工厂补货一次；事业部总部为所有人提供最佳的市场趋势预测及营销计划资料，但不再决定目标库存量。反之，仓库经理及厂长有权决定自己的目标库存量，但同时他们也要为以'有效产出-元-天'和'库存-元-天'所衡量的成绩负责。"

皮亚高公司总裁柯雷走到台上，白礼仁把扩音器交给他。

"史高泰和白礼仁，谢谢你们。"柯雷说，"你们的表演实在一流！"他带领全场观众鼓掌。

史高泰和白礼仁走下讲台，柯雷继续说："好吧，各位，我想是时候做出重要决定了。不要忘记，此时此刻，库存依然在不断攀升，我们不能再等下去了。"

"我们为每个事业部安排了房间。你们都有丰富经验和专业知识，你们一起讨论，直到得出一致的决定，你们有很多选择，可以采用刚才提议的方案，也可以选用截然不同的方法。我关心的只是每个事业部都要得出有效制止库存攀升的方法。今天之内，每个事业部都要给我答案，下午五点再见。"

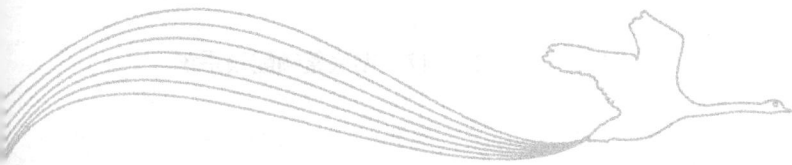

18

紧急征集TOC专家

Necessary But

Not Sufficient

46 天后（5 月 3 日）

嘉露把椅子向后一滑，离开她的计算机，转转头和肩，放松一下脖子上的肌肉，瞥一眼手表，四小时已不知不觉过去了。今天早上她的心情好到不得了，差点儿从车里一下子跳进办公室，现在她看着刚完成的文件，感觉更轻松快活了。

她写好一封电子邮件给史高泰，加上附件，然后将邮件发出。他收到邮件时一定会很惊奇，不相信会是她写的。

她站起来伸展一下，跟史高泰的会议到下午一点才开始，刚好有时间到食堂吃饭，不，她今天要好好款待一下自己，公司附近一间装修华丽的饭店刚开业，刚好可以去尝尝鲜。

马丽把电话稍停一下，看了看手表。"嘿，嘉露，我正到处找你！进来吧。"

"嘉露，实在是太好了！"史高泰站起来，"要咖啡吗？"

"不用了，谢谢。"她回答，"你认为怎样？"

"我真的不能想象，你竟会主动提升销售额预估标准，而且幅度还这么大。"史高泰搓着手，两眼发光。

"而且时间配合得天衣无缝。"他说，"嘉露，我过去两天不断用各种说法试图说服你适当提高销售额预估标准。"

"真可惜我毫不知情。"嘉露笑着说，"我想你的说法中一定包括给我的下属额外的奖金或股权，这对销售人员来说最有说服力了。"

"我知道。"史高泰笑着回应，"大笔津贴和佣金，都被你揭穿了。"他认真一点儿说："嘉露，但到底是什么驱使你把今年的销售额预估每个季度提高了两亿美元？"他眯起双眼问："你是否有什么瞒着我？"

"不，你清楚地知道皮亚高公司的一役，是你救了我们一命，虽然玛姬被气得七窍生烟，发誓绝不允许这种事再发生，但这就够了。"

"嘉露，我明白你所说的，但我真的不明白你指的是什么。我老了。"

嘉露挑起一边的眉毛，望着他说："你老了？"然后耐心地解释，"你应该知道我和玛姬自从年初已开始使用的策略，竞争对手很担心我们会把他们的客户抢走，尤其是那些尚未完成系统实施的客户。我们没有试图劝说他们放弃竞争对手的 ERP 系统而改用我们的，因为没有人会同意这样做，相反，我们提出为这些客户实施他们尚没有安装的部分。我们提供一套新的生产管理软件，并承诺在很短的时间内令公司达到非凡的业绩，这对那些客户来说有很大的吸引力，很多公司已决定尝试，我们的脚已跨进他们的大门了。"

"这些我都知道。"史高泰不耐烦地说，"那么在第一季度，我们的脚跨进了多少家公司的大门？如果我没有记错，差不多 100家。"

"对。你知不知道，截至 4 月，很多公司已经把产量提升至其历史新高？你是知道的。所以，经过你在皮亚高公司的做法后，玛姬决定不再让任何客户指责我们糟蹋了他们的现金流，她坚持要我们接触每家试行新方法的工厂，这些工厂供货给仓库并增加了产能。我们接触过几家后，我尝试过阻止她。你是否成功地阻止过她呢？"

"这是不可能完成的任务。但是，嘉露，你为什么要阻止她呢？"

"因为她太成功了。"嘉露平静地说，"她的组织能力实在太强了，甚至在客户发觉库存增加之前，KPI 公司的客户经理已经拿着数据，指出库存的走势。当客户明白个中原因后，便不会埋怨我们，然后，要安排一天的简报会，向有关人员介绍 TOC 配销管理应用专题，就很容易了。"

"可以肯定，信任存在，压力也存在。原来你们开了一天的简报会。顺便问一下，谁扮演我和白礼仁的角色？"

"不，史高泰，没有人能扮演你的角色，我们的简报会的形式传统得多。首先，负责这个客户的 TOC 专家会分为三人一组，使用配销管理模拟器，我不知道他们从哪里弄来这个东西，它确实很棒，这个工具充分体现了问题的难度，以及我们的解决方案如何简单而有威力。如果你看见那些与会者，便会明白什么叫信服！然后，我们派人讲解软件，KPI 公司的客户经理也跟他们一起计划接下来的步骤。"

"什么步骤？"

"那就是真正有趣之处。要实施配销方案，我们提出必须把竞争对手的订单输入模块和衡量模块替换掉。你也知道，我们巴不得这样做，有一半客户马上决定进行颇具规模的试行。"

"非常好。"史高泰很满意，"我们为客户试行 ERP 系统中这么大的模块，令他们的盈利上升，必定把竞争对手杀得片甲不留。客户由试行变为全面实施，只是迟早的事。"

"对，但你不想知道其余一半客户发生了什么事吗？"嘉露故意逗他。

"还有吗？我当然想听，你刚才所说的不足以令你提高销售额预估标准。好吧，嘉露，就把整件事原原本本地告诉我吧，另一半的客户又怎样？"

"我们跟他们进行了多轮谈判，已经谈妥或接近谈妥相关合同，为他们安装我们的全套系统，这就是难题了。"

"什么难题？"

"我是说，这就是促使我修改销售额预估标准的原因。在去年 12 月我提出的预估中，我本来估计客户试行大概在年底才会发生，但今天，我想推到第三季度都不行，降低库存的压力实在太大了，客户不想听任何延迟试行的说法，坚持尽早搞，所以，一些我原本准备在年底才谈的大合同，都会在本季度谈妥。"

"下一个季度又如何？"

"史高泰，你大概忘记了有多少个试行计划还在进行中，而不断推出的又有多少个，下两个季度已经满档，我得承认你的说法是正确的。对客户来说，没有其他东西比盈利更具说服力了，实在快而有力。"

史高泰仍然忍不住问："嘉露，你认为有什么会阻止我们吗？"

"阻止？我想没有了，但能拖慢我们的倒有。软件似乎运行得很好，而玛姬又经常能找到经验丰富的软件实施专家，可是要找 TOC 专家却比登天还难。"

"这是个值得关注的问题。"史高泰同意，"TOC 制约法的概念很基本，就如常识一般，而改变企业运作规则需要受过正式训练的人协助，它是决定实施成败的关键，所以，称职的 TOC 专家是极为重要的。"

"这点你不用说服我。"嘉露同意，"但是，史高泰，真正懂 TOC 的人少之又少，有些人自称专家，其实不是。"

"当我学习 TOC 制约法时，我已遇到过好几个'江湖郎中'。"史高泰笑着说，"我这样说已经是很温和的了。"

嘉露一本正经地说："我们需要更多 TOC 专家，很多很多。"

"我肯定玛姬可以找到很多人选，她最擅长寻觅优秀人才，大批大批的。"

"史高泰，你错了。可供选择的人根本不多，我们必须协助培育人才，我想你和玛姬需要联手策划这件事，你们可以合力说服那些顶尖的 TOC 专家不要再花时间搞 TOC 实施，转而集中精力培育新人，不管这项花费多大，缺乏 TOC 专家对我们造成的损失会更大。"

"好吧，嘉露，你说得对，这件事的确很重要，我会跟玛姬谈谈，还有其他事会拖慢我们吗？"

"可能有，但先回答我，你说你差点儿就要迫使我调高销售额预估标准，为什么？我们年初递上的销售额预估标准有何不妥？"

"没什么。"史高泰回答，"但我知道情况发展得比大家预料的好，而这个机会绝对不能错过。"

"什么机会？"

"令我们公司鹤立鸡群，确立为 ERP 行业霸主和领袖的黄金机会。"

嘉露等着他说下去。

"你知道吧，上个季度，我们的竞争对手中只有两家可以达到他们预估的销售额。"

嘉露点点头。

"他们有推出什么新玩意儿给市场了吗？"

"没有。"嘉露微笑说，"我认为他们都在拼拼凑凑，把去年不屑考虑的交易都推出来，我们是上个季度唯一调高销售额预估标准的 ERP 供应商。"

"而我们真的达到了销售额预估标准。"史高泰宣称，"投资分析员也开始留意我们公司，想象一下，当他们知道我们的竞争对手正在挣扎求存，而我们却可以一再调高销售额预估标准时，他们会有何反应？"

嘉露笑得更灿烂，说："我们将被公认为大赢家，变成市场焦点，这种宣传效应千金难买。还有，史高泰，占领了市场的支配地位后，赢取公开投标的生意就十拿九稳了。"她一边说，一边咧嘴大笑，"我在年底前又要调高销售额预估标准了，那么，你会在什么时候公报我们的新销售额预估标准？"

"你知道华尔街的投资分析员最讨厌被指责说辞前后矛盾，当下就是我们的最佳时机，现在是季度之初，他们还有足够时间去修改对我们公司的评语。"

"太好了。"嘉露兴奋地说，"今早睁开眼睛的时候，我就知道今天将是非常棒的一天。"

"正是。"史高泰说，"其实今年到目前为止也很棒啊。"

他停了一会儿，然后问："嘉露，你说还有些东西会拖慢我们，到底是什么？"

"不要破坏我现在的好心情吧，这个我们迟些再谈。"

"你要我一直不停地猜想？嘉露，放过我吧，你该知道我是个精神紧张的人，说出来吧，我可不想今晚失眠。"

嘉露面露不安。"关于沟通，其实我们缺乏沟通。"她停了下来。

过了一会儿，史高泰鼓励她："这个问题很严重，可以使公司垮掉，告诉我，是谁缺乏沟通？"

嘉露顿了一下，说："史高泰，就是你。"

史高泰没有流露出惊讶或受创的表情，嘉露很了解他，可以猜到他的想法，但她知道现在不能停下来。

"史高泰。"她轻轻地说，"皮亚高公司一役，我带头承认，你和兰尼无疑打了很漂亮的一仗，挽救了我们的公司，出色极了。而现在，我们有了公司有史以来最优越的产品，但史高泰，希望你别介意，你的做法并不恰当，你把我和玛姬，尤其是玛姬，都推到地狱去了。"

"当我们都肯定所有事情不对劲时，你，不，应该说是你和兰尼，早已找到解决方案。当我们后来发觉时，软件已经完成了，你们没有告诉我们，一个字、一个信号、一点提示也没有。你们一直等，等到噩梦爆发了，等到最好的样板客户也想舍弃我们时，你们才说不用担心，为什么？到底为什么？我可以想象兰尼会如此，但你呢？"

史高泰的目光变得温和起来，说："而现在，你正担心我又故意隐瞒了什么惊人的事……"

"可不是吗？我知道兰尼在搞新的东西，但那是什么？我一点儿头绪也没有。以往我会知道所有新开发的项目，各开发中心的每个重要项目，现在完全不知道了。"

她吐了一口气，继续说："史高泰，下一个大爆发是什么？我知道你正在努力找出方案，你一定还在开发东西。"

"你说得对，嘉露，完全正确。我抱歉没有尽力跟你们沟通，那么，我现在应该怎样做？"

"加紧沟通。"嘉露微笑着说，"但不是现在，玛姬应该也要加入。"

"当然。"

"今天晚上如何？你八点有空吗？"她问。

"没问题，但你肯定玛姬有空吗？"

"她出差回来了，为了此事，她一定会出席。"

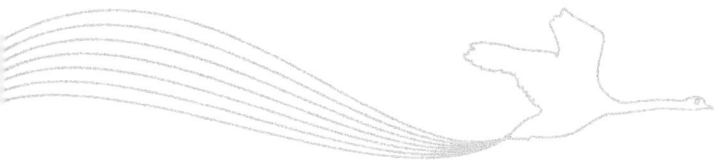

19

他们肯定无法抄袭我们

Necessary But

Not Sufficient

同一天（5 月 3 日）

兰尼走进史高泰办公室时，已经是八点零五分了，嘉露和玛姬都站在一扇大窗户旁边，史高泰则坐在他的桌子面前。

"兰尼，你好吗？"史高泰问候他说，"女士们，我们可以开始了。"

他们坐下来后，史高泰对兰尼说："好像我们没有跟她们好好沟通。"

"我承认。"兰尼说。

嘉露惊讶地看他一眼。史高泰继续说："嘉露和玛姬想知道你的开发中心在搞什么。"

"是时候了。"兰尼尖锐地说，"我给大家发说明书、操作指南，用尽方法吸引人注意，只是未在走廊裸奔而已，但好像所有人都很忙，根本没注意到。"他用深沉的语调继续说，"在一至两个星期内，软件程序就会完成，但我们尚未找到愿意进行测试的公司。"

"你在说什么？"嘉露气愤地说。

"我在说什么？"他重复她的话，"你没有看过我发送给你的文件吗？"

"有什么好看的？"嘉露反驳说，"过去两个月，除了一大堆关于网络狂想的胡言乱语，我什么也没有收到过，你以为我没有看报纸吗？兰尼，我们都忙得要命，我不希望邮箱塞满关于因特网的技术性文件。"

兰尼快要被气炸了："你称我的最新信息为胡言乱语？"

嘉露没有回应。史高泰拍拍兰尼的肩膀，示意他冷静下来。

史高泰望着嘉露，提醒她："你我都同意要改善沟通的。"

没有人回应，他就继续说："当你和玛姬在前线执行令人钦佩的任务时，我和兰尼已在筹备下一步了，我们在尝试预测竞争对手的下一个行动，他们不会坐以待毙，让我们把整个市场抢走的。"

"他们可以做些什么？"玛姬第一次开口，"我不认为他们有能力效仿我们。"

"我同意。"史高泰说，"但他们有其他事情可以做。"

嘉露打断他的话："我们怎能这么肯定他们无法抄袭我们？没错，他们的确吃了一惊，但他们不笨也不盲，他们看得出我们的方法是可行的。我肯定不出几个星期，很多公司都会宣布它们也拥有类似的软件。"

"可能吧。"玛姬回答，"嘉露，但我们已经谈过好几次了，重点不是软件，是人的思维。"

史高泰点头表示同意，说："我赞同玛姬的说法，我们在 12 月决定的范式转移涵盖范围是很广的，绝大部分软件公司一定承受不了。"

"我们由出售科技转变为出售价值。"兰尼加入。

他这句话快要把嘉露气疯了："天啊，我自己的宣传活动口号是什么还用你来提醒吗？"

她吐了一口气，以较平和的语气说："我仍然认为，我们不应被自己的口号弄糊涂了，我们是在什么时候停止出售科技的？从来没有停止过，我们是卖软件的，以此维持生存，说什么出售价值，请不要再对我谈这个了。我们一直在出售价值，不是今年才开始的，我不认为我们一直在售卖的软件毫无价值，也不认为客户是无缘无故地买下它们的。宣传口号可以冠冕堂皇，但请别在今天的会议上用。"

"嘉露，"玛姬说，"这个口号不是空话，是我们行动背后的精髓。"

"又来了。"嘉露叹了一口气，不让她说下去。

史高泰很震惊，直到今天下午，他还以为四人之间的沟通不错，以为他们的出发点都相同，这几个月以来，没有任何事令他怀疑过，因为他们的行动好像都配合得天衣无缝。

没错，嘉露和兰尼之间有点儿争执也不奇怪，两人个性那么不同，又那么要强。

今天下午，嘉露让他意识到两人之间并不是一般的摩擦，但到现在他才了解摩擦有多深，嘉露刚才说的话显示她跟大家的步伐甚至也不一致。

到底是什么令沟通失败的呢？

史高泰很快就了解到这是他的过失，他没有就如何让科技带来价值这个课题和大家分享他的看法，他以为他们一定会懂，自从他几个月前对兰尼说过后，就再没有跟任何人提及了，他决定现在就把问题纠正过来。

"嘉露。"史高泰柔声说，"你说得对，我们仍然在出售科技，而且我们也一直在出售有价值的东西。"

"这当然了。"嘉露说，"ERP 系统会带来很高的价值。"

史高泰表示同意，继续说，"ERP 系统的价值在于减轻限制。"看见嘉露不耐烦的样子，他急忙说，"让我说完，我要说的话相当重要，起码我认为是。"

"就如我所说，ERP 系统可以让我们办到以前办不到的事。一个机构里，部门间可快速传送的资料数量有很大的限制。另外，要在资料库的茫茫大海中快速、方便地找到所需资料也要面对很大的限制。"

"这些你当然全都知道，多年来你就是一直对人说这一套的。但是嘉露，你是否想过，如果一个机构没有 ERP 系统，会变成什么样？我是说，如果资料不能快速传送，没有最新的数据，那机构将如何运作？"

"这个问题很有趣。"玛姬说。

"你们想想看。"史高泰对所有人说，"面对这些限制，机构别无他法，能采用的管理模式就是只管把自己范围内的事尽力做好，不论工作站、部门，还是单位，那就是说，根据局部效益而管理。"

他等所有人都理解了才继续说。

"无论哪种管理模式，运作规则是必需的，有些运作规则是正式的，绝大部分是非正式的，这些运作规则让人们知道什么应该做，什么不应该做。我们近来累积了不少有关生产管理的经验，你们可否提出一些着重局部效益的运作规则的例子？"

"只注重各单位的效率。"嘉露立刻回答，"要求每个工作站都有最高效率，包括非瓶颈。玛姬，你看，参加过那么多报告会后，我也吸收到一些了。"

史高泰笑着对她说："多给我几个例子。"

玛姬再举一个："要求非瓶颈以大批量运作，以减少转换次数，纵使这样会使订单完工期延长及令其他订单延误。"

兰尼也不甘示弱，说："产品装配好，但很快组件又被分拆拿走，应付急需。购买昂贵的机器，但对销售额不起任何作用。"

"我们还可以举很多例子。"嘉露说，"但你到底想说明什么？"

史高泰耐心地说："我想说明的是，作为一个 ERP 系统供应商，直至最近，我们从来不觉得那些运作规则与我们有何关系。如果我们也从客户的运作规则着眼的话，我们的工作其实就是把他们现行的一套运作规则原封不动地搬进我们的软件中，我说得对吗？"

"而在这个过程中把软件复杂化，变得体无完肤。"玛姬加入。

"没错。"兰尼叹息。

嘉露想了一会儿，终于说："你说得对。"

"嘉露，你明白了吧？我们的科技把重大的限制减轻了，但直至最近，我们一直忽视这些限制所引发的运作规则，我们没有挑战它们。想想看，应用新科技，但这些运作规则又原封不动，后果会怎样？看看 TOC 生产管理的实施，如果工厂还在追求本部门局部效率和大批量，我们会得到这样出色的成绩吗？"

"当然不会，"嘉露说，"我们有数以千计的实施个案可证明这点。好吧，史高泰，我明白你的意思了，去除科技的实物性限制是不够的，限制移除了，但其实还存在，无形地活在原封不动的运作规则中。"

"正是这样。"史高泰很满意，"为取得价值，盈利上的价值，科技是必须的，但仍然不足够。自从年初开始，我们就致力于为客户带来价值，我们不再把自己局限在科技上，为了取得价值，我们愿意提供一切所需，甚至包括做软件公司一贯不做的事。"

"例如，要客户改变原来的运作规则。"玛姬接着说。

兰尼说："顺带提一下，改变运作规则也会影响我们的软件，在很多情况下，是把程序简化，但也可能需要加入一些重要的新功能，缓冲管理就是好例子。"

嘉露想得更深入，说："一方面，我理解你为什么说我们转变为出售价值，另一方面，我不同意你说我们不再出售科技，因为我们仍然在出售科技。"

她顿了顿，然后说："算了吧，重要的是，我还是看不出有什么方法可以防止竞争对手抄袭我们的做法。"

"就是我们的心态。"玛姬果断地说。

"又来了。"嘉露已经很厌倦，"如果你们想说服我，就应该用充足的理由，而不是喊口号。"

"这不是喊口号。"兰尼严肃地说，"软件工程师的心态就是设计软件只有一个目的——要人们欣赏及赞叹软件如何精密，而对使用者的盈利是否有帮助一概不理。以我们的 APS 模块为例，我跟他们一次又一次地解释为什么只有优化那一两个瓶颈，使用者才能得到好的效益，但是，你知道我跟他们苦战了多久才迫使他们拿走自认为最精彩的东西吗？你们知道原因何在吗？因为优化 100 个工作站，远比优化一两个工作站来得光彩。"

"APS 模块是个特殊例子。"嘉露说。

兰尼不接受她的说法，说："特殊例子？"他轻蔑地说，"好吧，但配销系统又如何？大部分改动不需要多写程序，反而是去除大段现有的程序，你应该看看他们是怎样拼死抗拒的，我差点儿就放弃了。"

"幸好你没有放弃。"玛姬说。

"谢谢。"

史高泰说："那么，兰尼，你认为竞争对手的心态会造成他们赶不上我们？"

"他们绝不会追上来，我敢说，即使我们把程序送给他们，不到几个星期，他们就会令它复杂和精密百倍，最终成为无法使用的废物。"

谈到计算机程序，嘉露绝对信任兰尼，他坚定的看法影响了她。

玛姬的话打断了她的思路："兰尼说得对，但我在想实施者的心态。"

"什么意思？"兰尼问。

"ERP 实施者的心态，就是先搞最需要科技的环节，即有大量数据需要集中处理及传送的环节，所以，我们以往是首先实施财务及订单输入模块，而工厂排程与控制排在最后。但现在我们的焦点是盈利表现，所以必须反其道而行之，要从生产和配销系统入手。

"他们适应起来很吃力，我们聘用的每批有经验的实施者都是如此，我的专案经理们唯有来硬的迫使他们用正确的方法做，而他们总是叫苦连天，直到清楚地看见成绩为止。"

"销售人员的心态又如何？"史高泰问。

嘉露没有回应，玛姬说："嘉露，在今年之前，我们是怎样游说客户购买我们的产品的？我们用尽方法利用科技去招徕，关于价值那部分呢，说说而已，怎么去进行可行性分析只是个笑话，绝大多数产品根本与公司的盈利无关，你忘记了销售人员的口头禅吗？全是关于计算机结构和功能的。"

"遗憾的是，现在的情况大致还是这样。"嘉露承认，"我肯定，我们因此而错失了几个大好良机。"

"何止几个？"玛姬激动地说，"如果我们没有坚持为员工举行报告会，没有大力投资帮助他们适应这种改变，没有很早就找来 TOC 专家参与销售活动，错失的机会还会更多，现在这些人眼中只有客户的盈利价值，而软件只被当作必需的工具而已。"

嘉露觉得有责任维护她的员工，说："我们把一切都倒转过来了，你还想怎样？适应是需要时间的呀。"

"这正是我要说的。"玛姬忍住，说："需要很长的时间。"

史高泰总结："从只出售科技转为出售价值，需要各部门和各系统的工程师、销售人员及实施者进行高度协调的改革，还要加入改革的催化剂——TOC 专家，所以我不担心竞争对手很快可以追上来，我们刚刚开始建立一个明显的竞争优势。嘉露，你同意吗？"

"我同意，我现在终于明白为什么竞争对手不容易缩短跟我们的差距了，但是，史高泰，你为什么说我们刚刚开始？

"不用担心。"他笑着保证，"我们已渡过难关，但还有很多事情要做，别忘记，我们的 ERP 系统涵盖企业所有环节，不只是生产和配销系统，我们刚才所说的，在所有环节都适用。如果我们不修改那些不妥当的运作规则，我们的科技就无法为客户带来益处。"

玛姬和嘉露都点头表示赞同。

史高泰继续说："要找出基于局部效益的运作规则并不容易，要定出新的运作规则就更难了。问问白礼仁，就可以知道为配销管理找到正确的运作规则有多困难，改变工厂衡量基准、改变目标库存量，他都试过了，但仍然不足够。现在基本的都已准备好了，就等着我们去好好利用，我们真是幸运极了。"

"你是指 TOC 制约法的内容吗？"玛姬问。

"当然。"史高泰回答，"我致力于学习任何和 TOC 制约法有关的东西，而兰尼就专注于一个我们都不太熟悉的范畴，那就是工程。"

"工程模块进度如何？"嘉露问。

"已经准备好，你什么时候要都行。"兰尼回答，"我们已测试过，真棒。事实上，我们现在所有的开发工作都用这个模块进行策划及监控，成效是巨大的，我们可以开发双倍的东西，而时间却只需一半。但是，嘉露，其他公司已开始发售关键链（Critical Chain）软件了。"

"是，我也听闻过。"她说，"但我们的模块是否已准备好？"

"是。"他回答，"我已把定期进度报告发给你，而你应该会在这个星期内收到说明书，记住不要让它堵塞你的电子信箱。"他语带讽刺地说。

在嘉露有机会反驳之前，史高泰说："我的首要任务是为整条供应链完成我们的软件套装，当中生产管理已经有了，工程方面，兰尼正在努力。所以，我开始研究配销，1 月底，我就能发出相关资料给兰尼，他接着就奋力冲刺，还好我们真幸运，否则我们现在已身陷窘境了。"

"这当然。"玛姬语带激动，然后愤怒地对兰尼说，"你这个坏蛋，隐瞒着解决方案，不说一句，就算佐治向你求助，你也守口如瓶。"

兰尼气愤地说："但是，玛姬，你要我给你什么？关于配销模块的事，我已通知了你，我查过，我们已把整套说明文件发给你，我们甚至还收到过你下属的评语。"

"那么，你为什么不帮帮佐治？"玛姬还是充满敌意。

"玛姬，别这样吧。"兰尼开始发怒。

"佐治闭口不谈配销，只谈预估，只顾提出我们无法达到的要求，我又怎么会知道白礼仁的仓库货物堆积如山？"

"是我的错。"史高泰轻声地说，"我应该在问题变得那么严重前就预料到。我知道，改变一个部门的运作规则是会影响其他部门的。很抱歉，我只顾寻找运作规则之间的关联，这是我的过失，我忽略了一个部门的重大改善会对其他部门造成冲击。"

"史高泰，不要紧。"嘉露轻声说，"事后诸葛亮，人人都会当。现在看来，每个人都看走了眼。我担心的是将来，将来还会踩上什么地雷？"

"经过了皮亚高公司一役，你可以想象，我进行了多少次反省。我有好消息，至今我没有再搞出另一个这样的烂摊子，以后似乎会风平浪静了。"

嘉露还没有完全放松，问："那么，兰尼的王国还闹哄哄的，在搞什么名堂？正忙于开发什么？"

"只不过是些有关因特网的玩意儿。"兰尼给她一个鬼脸，"想比竞争对手快一步。"

嘉露看着史高泰。

史高泰开始解释："正如我们之前所说，我们并不担心竞争对手也会走出售价值这条路，起码相当长的时间内都不会，所以，我和兰尼正绞尽脑汁猜想他们会搞什么别的。"

兰尼接着说："他们侧重科技，我们相信他们会致力于寻找高度技术化的方案来取悦市场。"

"而因特网就是个明显不过的答案。"玛姬笑着对他说。

兰尼说："那当然了，有什么比让 ERP 系统在因特网上运行来得更自然？在这个行业里，有什么比把先进科技和真正商业需求融合起来更好？当然，我们的做法很独特，我们不光看科技，我们还看有什么运作规则令限制无法去除，然后设法减轻那些限制，所以，我要史高泰看看这方面，然后他找来一大堆答案，我们写成程序，你们应该已在电子邮箱收到相关资料，不要叫我在这里重复了。"

"不需要重复。"史高泰笑说，"如果让兰尼打开这个话题，恐怕明早我们还不能回家，但我们的确需要找小白鼠来做测试。我在考虑皮亚高公司，它是我们最先进的客户，你们认为如何？"

"这个选择理所当然。"嘉露同意。

"对柯雷来说，你仅次于上帝。"玛姬补充，"无论你想在他的公司实施什么，他都会非常乐意。好吧，为了避免你再用小白鼠等这类不恰当的字眼，就让我先看看兰尼的文件，然后再帮你去跟柯雷沟通。"

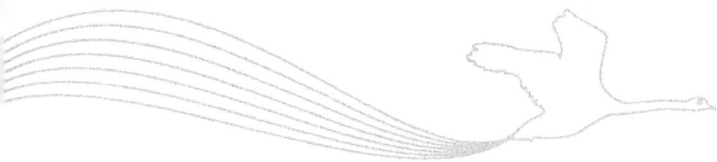

20

无法抗拒的建议

Necessary But

Not Sufficient

11 天后（5 月 14 日）

"嘿，史高泰。"

史高泰一下子就听出这个深沉的声音来自谁。

"嘿，柯雷，近来怎样？有新的问题吗？"

"这就是你对我的印象吗？我找你，一定有问题吗？"柯雷的笑声就算通过电话也一样洪亮。

"不，不是这回事，我将路过你的镇子，想看看我们今晚可否一起吃顿饭。"

"当然可以，柯雷，但这是我的镇，就让我安排吧。"史高泰看了看日志后问，"七点半可以吗？"

"好极了。"柯雷回答，"如果玛姬也来，就更好了。"

"我肯定她会很乐意来。"史高泰保证。

"好极了，决定地点后，就请找人通知我的秘书，七点半见。"

史高泰一边微笑着，一边按玛姬的直线电话。

"玛姬，你总是不断给我惊喜，真了不起，你是怎样办到的？"

"谢谢你的赞赏，史高泰，但你到底在说什么？"

"我在说柯雷。"

"他怎么了？"

"你和我今晚会跟他吃饭。"

"真的吗？什么时候？在哪里？"

"七点半，让马丽来决定餐厅，你会来吗？"

"你以为呢？当然来，我会让你们把我踢开吗？"

"不是，但你是怎样把他搞定的？还那么快！"他小心地说，"你答应了他什么？"

"两个新的软件模块和兰尼的一半时间。"过了一会儿，玛姬笑着说，"说笑罢了，史高泰，你太夸赞我了，我甚至没有跟柯雷谈过。我只不过将你在上次会议提及的主张写了一份简报发给他，就是你所说的——科技是必须的，但仍然不足够——诸如此类的东西。"

"那么他来干吗？"

"我不知道，我的简报提到了我们将推出有关因特网科技的新产品，但我没有谈到任何细节。"

"好吧，我们七点半就会知道究竟，到时见。"

"等一等，史高泰，可以把电话转给马丽吗？我要确保她不会选错餐厅，气派要配得上柯雷，有贵宾厅供我们详谈，更重要的是，要有我喜爱的佳肴。"

他们还没有吃完沙拉，柯雷就转入正题："我要衷心感谢你们所做的一切，最近的改动效果实在超乎想象，皮亚高公司已经跟一年前截然不同了。"

"谢谢。"史高泰说，"我也要感谢你如此合作，让我们的潜在客户分享你的经验。"

"正是。"玛姬加入，"尤其是分享那些具体的数据，库存下调的幅度实在漂亮。"

"所有实质性的数据都令人鼓舞。"柯雷回应，"无论增加了的产能，还是缩减了的完工时间、产品缺货次数和仓库间互相求救要货的次数。但最令我鼓舞的是生产经理和配销经理之间的工作关系，以往他们就像饿狼，总是互相指责，骂个你死我活。"

"现在怎样？"史高泰问。

"在过去的四个星期里，没有一个事业部经理收到过任何投诉。"

史高泰点头赞许，说："这确实令人鼓舞。我第一次接触'元-天'衡量方法时，就知道它的威力强大，但没想到它的力量足以推倒生产部和配销系统之间的隔阂。"

"没错。"柯雷很满意地说，"我终于可以看见部门之间能真正合作了。"

"很高兴听到你这样说。"玛姬说，"也很高兴问题终于完结了。"

柯雷把叉子放下，然后用他深沉的声音说："这就是我此行要谈的，问题并未完结，才刚刚开始。"

玛姬和史高泰都不自觉地把身子向前倾。

"至今我们所做的都很好，但还不足够好。"柯雷坚定地说，"皮亚高公司比以前灵活多了，但我们未惠及最终消费者，最终消费者一天没有受惠，我们就一天得不到最大的好处——销售额提升。"

玛姬不理解，问："为什么未惠及最终消费者？"

"玛姬，我们的大部分产品不是直接卖给最终消费者而是卖给零售商及制造商。我们上个月做过一些调查，清楚地显示我们的交货表现有明显的改善，但我们客户的交货表现没有改进。"

"我明白了。"她说。

柯雷继续说："你也知道，市场竞争一年比一年激烈，我认为战场在变，不再是公司之间作战，而是供应链之间作战，皮亚高公司规模无论有多大，仍然只是供应链中的一环。如果要赢得漂亮，就一定要把眼界放远，超出我们公司的框框，看整条供应链。"

"这种说法很有趣。"玛姬说，"你打算怎样做？"

柯雷等服务人员把主菜上好，才开始说："我想把我的做法扩展至整条供应链，包括我的客户、供应商、供应商的供应商，由原料供应直至最终消费者，这样我们才可以稳占竞争优势。"

"这是个企业和企业之间的庞大计划。"玛姬说。

"你的供应链里有多少家公司？一定数以百计。"她意识到庞大的商机，眼前一亮。

"对。"柯雷同意，"计划的确庞大，但非常重要，我不只想游说他们实施生产和配销系统的方案，还有……"

"工程的方案。"玛姬插嘴，替他把话说完，"能够迅速开发新产品并推出市场，这是成功的要素。"

柯雷很惊讶，说："你们已经找到缩减产品开发时间的方法？为什么不告诉我？"

"因为我们下个月才把产品推出市场。"史高泰解释说。

"我们希望先完成软件开发项目的试验。但柯雷，你好像有话要说。"

柯雷很想听下去，但也想继续他的话题，他迟疑了一刻后继续说："正如我所说，我想说服供应链中所有公司改善运作，但这还不够，我认为，要供应链发挥得最好，不单要改善环节本身，环与环之间的合作更要改善，整条供应链要像一个整体来运作。我们的工厂及仓库已成功做到这点，我们及供应链其他成员之间要取得同样成功，没有理由办不到。"

史高泰说："柯雷，但这两者的情况并不一样，同一家公司的两个部门只顾优化各自的表现是愚蠢的，但不同的公司当然要注重各自的盈利。"

柯雷并不同意，说："如果这些公司同属一条供应链，它们应该明白如果供应链不成功，链中所有公司都不会成功，两者没有什么分别。"

史高泰和玛姬都同意。

"让不同公司协作得像一个整体，绝不容易。"玛姬说。

"你说得没错。"柯雷感叹，"很多总裁都想与供应商及客户好好合作，但我说不出有谁真的成功，我承认我不知道怎样才能办到。"他停了停，然后说，"但是，史高泰，玛姬说你懂得个中窍门。"

玛姬差点被呛到。

柯雷继续说："玛姬，谢谢你发来的那份简报。很明显，我们在应用新科技的时候必须同时修改相关的运作规则，可惜我们直至最近才懂得这样做。所以，当你告诉我你们将开发一个新项目——以因特网联系各公司时，我就想到，你们也必定在设法改变公司间的合作规则。我猜得没错吧？"

"你猜得对。"史高泰笑着说。

柯雷松了一口气，微笑着说："那就把谜底告诉我吧。"

史高泰喝了一口红酒，决定先谈谈目标，他说："你希望供应链中所有公司都持一个信念，那就是，要保证公司成功，就要确保整条链成功。"

"我相信，动机再好，只要我们未把信念化为实际的日常行动前，信念就只是空洞的口号而已，行动最重要，可惜现时的做法刚好相反。"

柯雷又把一块鲜美的牛排放进嘴里，等待史高泰继续解释。

"假设我是你的供应链中的一家公司，我是什么时候记录一笔销售业务的？我把产品运给链中下一家公司的时候。我把产品售出了，但供应链是否完成了一笔销售呢？不是，由此可见，个别公司的表现并不与整条链的表现挂钩。"史高泰说。

柯雷咽下了食物，说："就短期来说，你的话没错，但公司也看远景。假设我每个月都卖 100 件产品给另一家公司，而那家公司每个月只能卖出 50 件给它的客户，我会觉得心安理得吗？

"我会不会说'我每个月卖 100 件给它，而它用或卖出多少件与我无关'？如果会的话，就太短视了，如果它不用或卖不出我卖给它的产品，很快我会连这个客户也没有了。"

"你说得对。"史高泰同意，"这里有个矛盾，我们的日常做法是，一环交货给另一环，马上记录为销售。但目光长远的做法应该是，当供应链的最后一环卖货给最终消费者时，各环才记录此销售。柯雷，你见过多少人是按长远利益做事的？而按短期利益行事的又有多少？"

"我明白了，你是说，我们必须改变日常的做法，别无选择。"柯雷总结。

史高泰宣称："如果我们想看到供应链中各公司根据供应链的利益做事，我认为必须令日常做法与长远利益相结合。"

玛姬明确地说："日常做法应该是，只要最终消费者还没有买，供应链中任何公司都没有卖出过任何产品。"

"有道理。"柯雷慢慢地说，"真有道理，但这并不容易实施。我想我的供应商不愿意等那么久，要待最终消费者买入时才收到钱。但你不能责怪他们，因为大多数公司手中并没有那么多现金可以允许这么迟才收到钱。"

"你为什么说他们要等的时间比现在的要长？"玛姬问，"我以为你想把我们的软件用于整条供应链，以此取得竞争优势。你把皮亚高公司的完工时间缩短至多少？原来的 1/4，是吗？"

"比 1/4 还要少。"柯雷说。

玛姬继续说："假设整条链都达到这个幅度的改善，那么，从原料到最后卖出成品，平均完工时间会是多少？我想大概是两个月吧，已算不错了。不要忘记，现在你的供应商最少需要等 45 天才能拿到钱。"

柯雷想了想，说："但对链中一些上游公司来说，要等 45 天还是太久了，我们要另外为他们安排信贷。"

"这会是个问题吗？"玛姬问。

柯雷不认为这是个大问题，说："我们持有他们的库存，但还未付钱给他们，必要时，我们甚至可以视之为抵押品。这样，我的财务总监也不会反对，再者，让我们看看全局，最近一波的改善令生产及配销系统都有了剩余的产能，我们的客户和供应商应该也可以达到同样的效果。他们有了剩余产能，销售额增加也不会令营运费用相应增加了。试想想，销售额增加 10%，盈利的变化会怎样？非常大，两者相比，我们要付的利息实在是小巫见大巫了。"

他们一边进餐，一边沉思。

一分钟后，柯雷说："好，这很合理。如果我知道要等到客户把产品卖出去后，我才收到钱，我就不会不顾他的利益了。这样，每个环都必须顾全大局，供应链终于可以像一个整体来运作了。"

他又想了一会儿，说："我未必会原封不动地保留现有的所有客户，我对当中某些客户的信心不足，要我交货给他们而不马上收钱，我有所保留。"

柯雷面露犹豫和焦虑之色。

史高泰说："如果从皮亚高公司去年的表现来看，你的一些供应商也可能用同样的眼光看待你。"但这句话帮不了柯雷。

在柯雷回应之前，史高泰补充："你需要的是一个好的衡量基准，一个可以清晰地让你知道客户是否可信的衡量基准。那就是，当他要货时，是否真正需要，会不会很快便把货品推出市场。"

"正是！"柯雷眼睛发亮，"而我已经有了这个衡量基准，就是你告诉我的'库存-元-天'。供应链的情况其实跟我们公司内部的做法差不多，我们现在放手让工厂及仓库自行决定目标库存量，那些大量要货的无理之人就会被'库存-元-天'这个衡量基准揪出来，无处藏身，这个方法实在太棒了。我可以把这个方法用在客户身上，你要我的货吗？那么我就要先知道你手中的'库存-元-天'数字是多少，表现差的公司很快就会出局。"

"'库存-元 天'可计供应商衡量他的客户，你必须让你的供应商用同一基准来衡量你。"玛姬建议。

"对，我们和客户之间，我们和供应商之间，用同一基准，供应链就有了统一性，但这也表示客户向我要多少货，我就从供应商手里拿多少货，我的库存紧贴客户的需要，他们要货，我当天送出，我希望我的供应商也提供同样的服务。"

史高泰说："如果这就是你要的，如果你这么重视准时交货，那么你就应该用'有效产出–元–天'来衡量你的供应商。"

"当然啦。"柯雷回应说，"所有人都会被'库存–元–天'和'有效产出–元–天'来衡量，有了衡量基准的监控，公司之间的互信就有了基础。"

"非常好。"玛姬评论，"环内和各环之间都用同一衡量基准。柯雷，你察觉到了吗？你今天所讲的只有霸软公司的 ERP 系统才办得到。"

"我完全明白了，顺带一问，你的软件可以处理我们刚才所谈的附加功能吗？"他问。

"程序已经准备好了。"史高泰回答。

"测试过没有？"

"只在实验室里测试过。"史高泰承认。

"这也可以了。"柯雷说，玛姬马上松一口气。柯雷继续说："你会有足够时间测试它，我要游说数以百计的公司，我不可能要求他们同一时间实施。但关于你的软件，我有一个问题，那就是我想跟你谈的。"

服务人员把甜品车推到他们桌子旁。

玛姬不耐烦地为所有人选了甜品和咖啡。"是什么问题？"她问。

"我的客户和供应商用不同的软件，其中很多都是自行开发出来的，要说服他们转用霸软公司的产品并不容易。"

"但有可能说服他们吗？"史高泰问。

"应该不太难。"玛姬说，"你们跟其他大公司不同，现在你们是先实施，然后才叫他们照着做，你们可以拿实际成绩给他们看，没有人可以忽视这样的佳绩。"

柯雷回答："以皮亚高公司的规模，我们是有能力向所有供应商及大部分客户施压的，但有个限度，我们的要求一定要合理。"

"要他们转用唯一可以完成这项任务的 ERP 系统是不合理的吗？"玛姬问。

"对，玛姬，这是不合理的。其中几家大公司已经投资了很多钱和人力实施其他 ERP 系统，他们不会轻易抛弃原来的系统。其他的都是中小型企业，根本没有足够的金钱和人力实施你的软件。"

"这是个大障碍。"史高泰同意。

柯雷沉默了一会，严肃地说："障碍不是那么大，如果你也愿意做出改变的话。"

玛姬尖锐地说："不要期望我们会提供免费或近乎免费的软件，我知道你的说法是什么，但让我告诉你，这是行不通的。"

"玛姬，我那么了解你，又怎会有这样的企图呢？"柯雷保证。他唤来服务人员，问大家："我想要杯餐后饮品，你们要不要？"

"想灌醉我们？"玛姬开玩笑说，"好，我要一杯爱尔兰咖啡。"

"我要白兰地。"史高泰说。

服务人员走向吧台，柯雷开始说："玛姬，对皮亚高公司来说，投资两三亿美元是件很寻常的事，但我还记得要决定用一个新的 ERP 系统时我们多么头痛，为什么？因为投资计算机系统跟投资其他项目不同，这不像投资于新公司、大厦或机器，付那么多钱，但拿回些什么呢？不是一些可以再卖出或作为抵押的东西。我做决定时很烦恼，相信我的供应商也一样。所以我在想，你可以向这些公司提出什么建议，让他们较容易做出决定而又不会影响你们的收入？"

"这个想法颇有趣。"史高泰说。

"说下去。"玛姬说。

"过去三年里，我向你们两家公司共支付了 3 亿美元，而我还要继续支付大概每年 1 000 万美元保养费和其他费用。但你知道吗，如果我不用买你们的软件，我乐意以后每年支付 1 亿美元。"他停下来。

"你每年支付 1 亿美元？干吗？"玛姬全神贯注。

"就是为了买你们已经做了的那些，可能再加一点儿，如果你愿意承包我所有与计算机有关的后勤配套，我乐意付这个价钱。我的下属输入什么资料，你处理那些资料；我的下属需要什么信息，你保证提供给他们。计算机是你的，软件也是你的，有关计算机的事，不要来麻烦我，我不想知道什么软件臭虫、什么软件新版本、什么计算机新硬件，这些头痛的事都归你们。我要的只是最后的成绩及信息——我的下属需要什么信息、什么时候要、在什么地方要、以什么形式拿取，通通由你们满足他们。"

玛姬和史高泰面面相觑，所有人都安静了一阵子，最后玛姬点点头，史高泰说："柯雷，如果你一年前提出这个建议，我会认为它很荒谬。"

"为什么？"

"因为霸软公司肯定会为此而倒闭。"

"为什么呢？"

"如果客户可提出种种要求而不用付分文，他就会永不休止地提出要求：新功能、新模块、新模板……其实，就算要付钱，客户也会提出这些要求。所以，我们只会有两个选择：一是满足客户的要求而倒闭；二是不理客户的要求而倒闭。但是，今天，既然说的是皮亚高公司，我会考虑这个建议。"

"差别在哪？我们有什么与众不同？"

"你们的确变得与众不同了，柯雷，自从你们开始以 TOC 制约法原则办事，你们公司提出改动软件的要求就大大减少了，而且都不是心血来潮的无理要求，是合情合理的。现在，推动皮亚高公司的力量跟以前大大不同了，所有要求都以公司盈利作为基准，跟以前真是天壤之别。玛姬，你同意吗？"

"我同意，我相信兰尼也同意。但是，史高泰，真正的原因是以往人们是在一些互相矛盾的衡量基准下生活，你怎么可以要求每个部门都有高效率，同时库存又要低、交货又要快呢？可笑的是，他们还以为计算机可以在这方面帮他们一把，做这个，做那个，于是不停地提出修改。"

史高泰说："玛姬，你说得对，对极了。柯雷，我可以考虑你的提议，但只限于采用 TOC 制约法作为整体策略的公司。公司所有决定，无论是短期的还是长期的，都以对盈利的影响为目的。强调局部效益的做法，见鬼去吧。"

柯雷说："史高泰，你好像在冲破一扇已经大开的门。我们已经说过了，其他公司要成为供应链有价值的成员，他们的做法就要跟我们一致，这些才是我特别关心的公司，并愿意跟他们紧密合作。"

玛姬点点头，然后问二人："小型企业又如何？你们认为它们能付多少钱？"

柯雷已考虑过所有问题，并回答："跟皮亚高公司一样。"他看见玛姬疑惑的样子，急忙补充："我是指以百分比计算，皮亚高公司的全年营业额的 1% 是 1 亿美元，要说服其他公司也支付全年营业额的 1%，应该不是问题。他们现在付给你的其实比这个更高。怎么样？干不干？"

"柯雷，你不是期望我现在就答复你吧。"玛姬说。

"我不要求马上得到答案，但我要等多久呢？你要明白，这件事是我整个供应链策略的关键。"

"柯雷，我觉得这个建议听来不错。"玛姬回答，"你的建议有可能为我们解决一个很大的问题。长期以来，我绞尽脑汁开辟新客源，以公司现在的运作模式，源源不绝的新客源是必需的。你的建议彻底解决了这个问题，它把一次性的交易变成持久不断的收入，数额不小，为公司带来稳定。"她停了停，然后补充，"史高泰，长远来说，还会提高你的公司的增长率，对吧？"

"玛姬，这确实可以在短期内提高我们的增长率。"史高泰回答，"柯雷的建议有另一大优点，就是让我们打入中型企业市场。我们就如何渗透这个庞大的市场已经研究了多年，有了那些大型企业作为基础，我们就可以以它们为杠杆，打进中小型企业市场。"

"杠杆？"柯雷笑着说，"应该是推土机，如果我们小心地推进，宣布皮亚高公司愿意跟接受建议的公司合作，而我们又能把这个双赢建议解释得清清楚楚，你猜，有多少供应商和客户会同意参与呢？"

"很多，绝大部分。"

柯雷又重复他的问题："我什么时候会得到答复？两个星期可以吗？"

史高泰觉得有点儿窘迫，说："柯雷，这对霸软公司和 KPI 公司的一贯营运方式而言是极大的改变。我得承认，如果我们在五分钟或更多的时间内还找不到一个强烈的拒绝理由，那么，我们这顿饭赚取的就比你还要多。我们今年惊人的增长速度与我现在看见的前景相比，如蜗牛爬行。但我要强调一个前提，那就是我们找不到强烈的拒绝理由，也没有任何我们现在察觉不到的东西为建议带来太大的风险。"

玛姬察觉到柯雷会继续逼近，便说："这些事情我们需要跟员工讨论，两个星期以后才会有确切的答案，3～6 个月就差不多了。"

柯雷似乎一点儿都不感到惊讶，说："好吧，但你们回答另一个问题可能会快些，我希望你们为皮亚高公司提供这项服务。当然，我们已付了买软件和绝大部分的实施费用。这样吧，皮亚高公司将付钱给你们两家公司组成的合资公司，数目是我们年销售额的 0.5%，直至累积总数达到我之前已付的金额，然后，到时金额便改为每年销售额的 1%，怎么样？"

"你是认真的吧？"玛姬问，两眼发光。

柯雷没有回答，却打开公文包，递给他们每人一份建议书。

史高泰和玛姬都知道他们已经没有选择的余地了，这个建议实在好得让人无法拒绝。

"我耐心静候你们的答复。"柯雷微笑着说。

故事终结，还是刚刚开始？

角色关系图

1

霸铁公司
ERP软件公司
(第11章)

公司成员 → 史蒂·执行官 (第1章)

　　　　　　　　马丽　秘书 (第1章)
　　　　　　　　珞露 营销业务部副总 (第4章)
　　　　　　　　当尼 系统开发部主管 (第1章)
　　　　　　　　庄佳荣 客户经理 (第1章)

家人 → 　　威安娜　妻子 (第12章)
　　　　　　　　伽迪 最小的女儿 (第12章)

合作伙伴 → KPI公司 系统集成商

公司成员 → 玛娅 执行官 (第2章)

　　　　　　　　　罗伯特　　　秦兰公司 (第2章)
客户群 → 　　　　　　　　　德宝公司 (第6章)
　　　　　　　　　　　　　　　D&K公司 (第6章)

布莱德 (第4章)
辛恩 (第4章)
卡莱 (第4章)
斯达 (第4章)

鲁杰 系统开发副总 (第2章)

亚瑟·伦敦分部 (第2章)
菲尔 (第2章)
薛提夫 (第2章)
肖格罗 (第2章)
莎朋 (第2章)

麦莱莉　程序设计师 (第2章)

柏德历 (第6章)
佐治 负责按亚商公司的
项目经理 (第5章)
琴致 (第2章)

恩富　司机 (第6章)
舒檀 (第6章)
麦克 (第6章)
莉拉 (第6章)

比东 (第6章)
多露菲洛杉矶分部经理 (第6章)

公司成员 → 柯宿　执行官 (第5章)

皮亚商公司 (第5章)
史坦工业集团 (第9章)
客户群 → 艾卡公司 (第1章)
　　　　　　奥斯宝龙公司 (第3章)
　　　　　　薛坡士高公司 (第8章)

公司成员 → 麦敦 执行官 (第10章)

客户群 → 恶魇公司 (第10章)

劳卓 发货主管 (第10章)
莎尼 运营部经理 (第10章)
吉米 (第10章)

白礼仁 生产兼配销事业部副总 (第16章)
斯坦 事业部副总 (第13章)

夏里信 工厂主管 (第16章)
佛然 仓库经理 (第16章)

竞争对手 → 　数据风云公司 (第3章)
　　　　　　　　　FDP公司 (第3章)
　　　　　　　　　龙啸公司 (第15章)

2

夹达逻智公司
(第11章)

公司成员 → 邓宁 总裁 (第11章)

客户群 → 　湘溪科技公司 (第12章)
　　　　　　　　犀亚塑胶公司 (第12章)

央兆 (第11章)
娜拉 行政管理部副总 (第11章)
苗勒 销售部副总 (第11章)
鲍尔 工程部副总 (第11章)

丹宁许 首席科学家 (第11章)

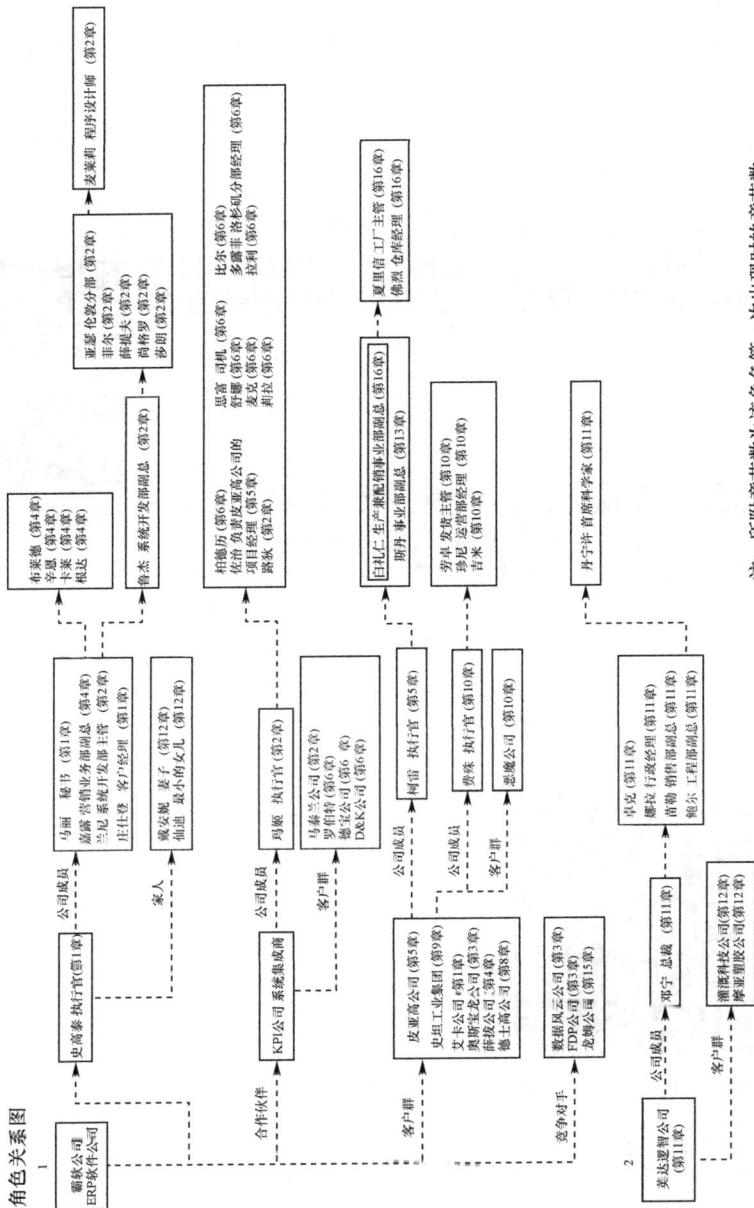

注：所附章节数为该角色第一次出现时的章节数。

持续学习

亲爱的读者:

看完这本书,您可能有兴趣更深入地了解这本书背后的TOC制约法（Theory Of Constraints）,我乐意与您分享这方面的知识,让您继续追寻TOC的奥秘。

两步骤:

步骤（1）请先扫一扫右边这个二维码,立即跟我在微信上建立联系,交个朋友,方便您随时找我提问此书的事及您对TOC的任何疑难,并且知悉TOC课程等活动的消息。

微信号**wlaw1947**

然后,步骤（2）,请扫一扫下面这个二维码,进入我为大家组建的"TOC知识宝库",详细看看它不断更新的丰富内容,包括:视频、电脑模拟器、多媒体学习材料、高德拉特大师的中英文版本TOC著作等,加强您对TOC的认识。

https://bit.ly/2Kjb6Bj

通过以上两步骤,TOC的大门将为您打得更开。

谢谢。

本书的中文版获授权制作人、 高德拉特学会 总裁

罗镇坤 谨上

读书笔记

反侵权盗版声明

　　电子工业出版社依法对本作品享有专有出版权。任何未经权利人书面许可，复制、销售或通过信息网络传播本作品的行为；歪曲、篡改、剽窃本作品的行为，均违反《中华人民共和国著作权法》，其行为人应承担相应的民事责任和行政责任，构成犯罪的，将被依法追究刑事责任。

　　为了维护市场秩序，保护权利人的合法权益，我社将依法查处和打击侵权盗版的单位和个人。欢迎社会各界人士积极举报侵权盗版行为，本社将奖励举报有功人员，并保证举报人的信息不被泄露。

举报电话：（010）88254396；（010）88258888

传　　真：（010）88254397

E-mail:　　dbqq@phei.com.cn

通信地址：北京市万寿路 173 信箱

　　　　　电子工业出版社总编办公室

邮　　编：100036